金メダリストの条件

超一流の心技体の作り方

桜井章一

竹書房

はじめに

2020年、東京に再びオリンピックがやってくる。

という予定だったが、世界的に猛威を振るう新型コロナウイルスの影響で、東京オリンピックの開催は延期となったようだ。

オリンピック出場が決まっていた選手や、自国での開催を楽しみにしていた方々には申し訳ないのだが、完全に商業主義に陥ってしまった今のオリンピックが延期になろうと中止になろうと、知ったことではないというのが私の正直な気持ちだ。

なぜなら昔とは違い、今や政治経済の論理に蝕まれてすっかり商業化してしまった近年のオリンピックには、〝金〟と欲望が渦巻き、人間の汚さや醜さがはびこっているように私の目には映るからだ。テレビなどでオリンピックの各種競技を見ていても「勝つためなら何をしてもいい」という勝利至上主義ばかりが際立ち、オリンピック憲章の掲げる本来のフェアプレー精神などはほとんど感じられない。

最初の東京オリンピックが開かれた1964年、私は21歳だった。当時、私は下北沢の実家に住んでいたが、オリンピックにはまったく興味がなく実際に観戦に行くこともなかった。どうしても見てみたいという競技や好きな選手のいない私がオリンピックを観戦するのは、お祭り騒ぎに便乗しているようで嫌だったのだ。

だが、当時の私は心身ともに力がみなぎっていた。「オリンピックで全種目に出場し、全種目で金メダルを獲ったら面白えだろうな」とつまらぬ妄想を抱いたりしたこともある。とはいえ、私のことをよくご存じでない方は「この人、何言ってるの？」とお思いのことだろう。

私はかつて裏の社会で、政財界の大物たちに成り代わり、大きな利権の懸かった麻雀を打つ〝代打ち〟を約20年間していた。代打ちを引退してからは雀鬼会という麻雀道場を開き、若者たちに本物の麻雀を教えている。

本書の中で詳しく述べるが、私は幼い頃から体を動かして遊ぶのが大好きで、毎日それこそ死んでもおかしくないような危険な遊びばかりをしていた。自然の中で体を使って遊ぶことで、私は「本当の体の動かし方」というものを学び、それが心技体すべての面において私の根幹を成すものとなっている。そんなわけで雀鬼会は麻雀道場と銘打ってはいるものの、やっていることの半分は体を動かすことだったりする。

代打ち引退後、竹書房の『近代麻雀ゴールド』などで雀鬼会が紹介されるようになり、私の勝負論やそれまでの生き方などを見聞きした格闘技選手やプロスポーツ選手が、度々道場に訪れるようになった。きっと各界で活躍されるトップアスリートの方々は、私に「20年間無敗の勝負論」のようなものを聞きたかったのだろう。

でも、彼らが道場にやってきて私と行うのは「体捌き」だった。格闘技も、プロレスも、野球も、サッカーも、卓球も、スポーツなど何もまともにやったことのない私が（10代の頃、私は部活動の類いに加わったことが一度もない）、プロを相手に「こうやって動いてみたら?」と教えている。自分自身「雀荘の親父なんかのところになんでプロのスポーツ選手が来るの?」と思っているのだが、その世界では名の知られた方々が、引きも切らず私のところに体の動かし方の教えを請いにやってくる。

幼い頃から泳ぐことが大好きだった私である。小学生の頃は「通学路が全部水路だったらよかったのに」と本気で思っていた。そんな私であるから、20代の頃の私がオリンピックの競泳に出場したとしたら、それなりに「いい線をいっていたのでは？」と思わないでもない。格闘技系の競技（ボクシングや柔道、レスリング）や射撃やフェンシング、水泳などの近代五種に出場しても面白かっただろうな、でもそうなったらオリンピック期間中は相当忙しくなるな、などと夢想したりもした。

2020年はオリンピックイヤーということで、「金メダルを獲れる人と獲れない人では何が違うのか？　それを一冊にまとめたい」という話があった。とはいえ、今でもオリンピックにはそれほど関心がないし、むしろ嫌悪感を抱くほどの私である。「こんな私がオリンピックを、そして心技体に関する考え方を語っていいのか？」とも思うが、古い付き合いの竹書房からのお願いでは断るに断れなかった。

本書では、先述したように金メダルを獲れる人と獲れない人では何が違うのかといったことから、超一流の人に共通した体の動かし方や心の整え方、さらには勝負勘、勝負運といったことに関する私なりの考えを述べさせていただいた。本書を読まれた方がオリンピックを観戦する上で、あるいは実際にスポーツで体を動かす際に、私の考えが少しでも参考になれば幸いである。

金メダリストの条件

目次

第1章

超一流の潜在力の引き出し方

第2章

超一流の体の使い方

第3章 超一流の勝負の仕方

第4章 超一流の心の整え方

第5章

記憶に残るメダリストの言葉を読み解く

第1章 超一流の潜在力の引き出し方

「人間本来の動き」には力みがない

「この人の人柄はいいいな」と思える人は、嘘のない匂いがする。嘘がないから人格もいい。親交のある棋士の羽生善治さんも嘘がない。逆に「自分が、自分が」と自己主張ばかりする人は嘘が多い。

プロスポーツの世界では、激しい競争を勝ち抜いていかなければ生き残っていけない。そのためか、プロスポーツ選手には自己主張を通り越して、自分勝手し放題の野放図なタイプの人が多い。

かつて、オリンピックは「アマチュアの祭典」などと呼ばれたこともあったが、今では商業化が進み、大金が動く一大スポーツイベントとなった。

オリンピックに参加しているアスリートたちは、金と名誉、両方の獲得を狙ってみんな躍起になっている。今や、金メダルの〝金〟とは〝お金〟の〝金〟と同義である。プロではないアマチュア選手もプロと変わらぬ、いやそれ以上の報酬を手にしている人もたくさんいると聞く。

古くから、オリンピックはスポーツイベントではあるが、常にその時代を反映してきた。そう考えると、オリンピックは社会の縮図ともいえる。

今のオリンピックは、スポーツを通じて金儲けをしているだけ。スポーツマンシップなどどこ吹く風である。だから私はオリンピックをきれいなもの、崇高なものだとはちっとも思っていない。

子供を育てる親たちも、我が子の頭をよくするために、あるいは体を強くするために金をかける。社会全体に「金がなければ頭も体も強くすることはできない」という考え方が蔓延してしまっている。

私たちの暮らしているこの社会は資本主義によって成り立ち、資本主義とは「金持ちが勝つシステム」だからしょうがないといえばしょうがないのだが、当然のことながらスポーツの世界でも、そういった偏った状況はさらに顕著になっていくだろう。だが、金をかけて体を強くしよう、あるいはそのスポーツの技術を向上させよう、という出発点がそもそも間違っている。私が考える「人間本来の動き」とは、金で獲得するものでも、お金を払って学ぶようなものでもない。

私が体で覚えた「人間本来の動き」は、すべて遊びの中から学び教わったものである。木登りや川遊び、相撲、あるいはベーゴマやメンコといった遊びを通じて、知らず知らずのうちに私は「人間本来の動き」を体に染み込ませていった。

本書では、私の考える「人間本来の動き」をできる限り分かりやすくお伝えしていこうと思うが、実際に瞬間的かつ感覚的な体の動かし方を文字で正確に伝えるのは非常に難しい。

「人間本来の動き」ができれば、力まずに素早く動いたり、大きなパワーを生み出したりすることができる。

プロのスポーツ界を見渡しても、多くのアスリートが力みに力んで大きなパワーを発揮させようとしているが、力みから生まれる動きはすべて嘘である。力みからは素早い動きも、大きなパワーも生まれず、逆に体を痛めるもとになるだけなのだ。

純粋な遊びの中でこそ人間本来の動きが身につく

「安全圏」の外に出て体を動かす意味

森に生い茂る樹木を見た時、人は幹や枝、あるいはそこに咲く花や実った果実などに目が行きがちである。

でも、私が樹木を見た時に一番気になるのは〝根〟の部分である。土の下にしっかりと根を張り、樹木の生を支える根。何事も〝根っこ〟が大切なのだ。

将棋の世界でいえば羽生善治さん、野球の世界ならイチロー選手といった、その世界で名を残されている方たちは、みな人としての根っこの部分がしっかりしている。根がしっかりしているからどんな状況でもブレないし、常に安定した成績を残すことができるのだ。

雀鬼会では昔から「素直と勇気」が大切だと教えてきた。しっかりと根を張りつつ、「素直と勇気」を持つようにする。

素直さのある人は、人の意見をちゃんと聞くことのできる耳を持っている。人として成長していく上で、聞く耳を持つことは何よりも重要である。

さらに勇気があれば、目の前のリスクを〝怖い〟から〝楽しい〟に変えることができる。人の成長は「リスクという壁」をいくつ越えたかにかかっている。危険を承知の上でいくつもの壁をクリアした人は誰よりも強くなれる。私は幼い頃から、遊びの中で常に危険なことにチャレンジし続けてきた。その結果、知らず知らずのうちに人としての強さみたいなものを身につけることができたのだと思う。

人が成長する上で「リスク」というものはとても大切なのだが、今の子供たちはその「リスク」とは無縁の「安全圏」で育てられている。

今の子供たちは「外で遊ぶ」ということが極端に少なくなってしまっている。また、都心には私の幼少期のような自然環境もないし、「危険だから」という理由だけで公園からは子供たちに人気だった遊具が次々と撤去されている。こんな環境では、子供たちがリスクを経験しながら強さを獲得していくことなどできっこないし、本当の動きを体で覚えることもできない。

前項でも触れたが、これから先スポーツをしようとする人たちはお金をかけて動きを学び、そして多くのお金をかけた人が勝ち上がっていくようになるのだろう。でも私は、そのような人たちが「嘘の動き」によって競い合う姿を見ても楽しくないし、感動もできない。世界最高峰のスポーツイベントであるオリンピックくらいは、「本当の動き」をする人たちによって競い合ってもらいたいものだ。

人の成長は「リスクという壁」をいくつ越えたかにかかっている

スポーツの動きと「体捌き」の違いとは？

先に私は「人間本来の動き」を遊びの中から覚えたと述べたが、遊びながら「上手な人はどうやっているのだろう？」と観察し、そのコツのようなものを会得していったのだと思う。

素早く木登りをする。遠くまで泳ぐ。相撲で自分より体の大きな人に勝つ。いずれの動きにしてもコツがあり、正しい体の捌き方というものがある。きっと私は他の子供たちに比べ、そういった体捌きを覚える術に長けていたのだろう。

雀鬼会の町田の道場では、日々麻雀を打つのと同じくらい（場合によっては麻雀以上に）体を使った遊びをしている。最近はみんなで相撲を取ることが多いのだが、私は道場生たちと組み合いながら、「体捌きとはこういうものなんだよ」と教えたりもしている。

だが、元々が私が本能的に覚えた体捌きである。そんな感覚的な動きをみんなに伝えても、なかなかうまく伝わらない。正直にいえば、自分でも「なぜそうなるのか？（できるのか？）」をはっきり理解しているわけではない。だから道場生たちに伝わらなくて当然といえば当然だし、答えが出ないからこそ体捌きは面白いともいえる。世の中の物事、事象には「答えの出る分野」と「答えの出ない分野」があるが、私は幼い頃から「答えの出ない分野」に断然惹かれる。雀鬼会で麻雀を打ち続けているのも、そこに「答え」も「ゴール」もないからである。

テレビなどで様々なスポーツを観戦しても、私から見て「この人はいい体捌きをしているな」と思える人はほとんどいない。多くの人が「そのスポーツに合わせた動き」をしているだけで、人間が本来持っている力を有効的に引き出す体捌きにはなっていないのだ。

「では、〝動き〟と〝体捌き〟はどう違うんだ？」と聞かれても、私にはそれをうまく説明することができない。イメージ的にいえば、「何もしていないように見える」のが体捌きであり、体捌きを使えば不利な状態からでも自在に動けるようになる。

あらゆるスポーツは、自分を有利な状態にしたほうが勝つ。大相撲にしても、立ち合いで自分の得意な形になるよう、まわしを取りに行ったり、張り手をしたりと忙しない。最近の大相撲は、昔と違って最初の立ち合いで勝負の行方は大方決まってしまう。だから見ていても、なんだかとても味気ない。

体捌きがあれば、相当に不利な状況となってもそれを一瞬にして覆すことができる。昔の大相撲に四つ相撲が多かったのは、力士がお互いに「不利な状況をいかに覆すか」を知っていたからではないだろうか。「ほら、お前の好きな形でやっていいよ」とあえて自分を不利な状況に置き、そこから勝機を見出していく。スポーツのみならず、この社会を生きていく上で「本当の強さ」を持っている人は、どのような状況にあってもこのように勝負を心の底から楽しめる人なのだ。

「体捌き」があれば
不利な状況を
一瞬にして
覆すことができる

相手を受ける壁と相手の隙を突く足捌き

大相撲を見ていると、強い力士には壁があることに気づく。壁といっても重厚な岩のような壁ではなく、しなやかで懐の深い柔軟な壁だ。いい壁を持っている力士は、相手がどう攻めてきてもそれを柔軟に受け止めることができる。壁は正面を意識した壁もあれば、横を意識した壁もある。この両方が揃っている力士は滅多におらず、私が覚えている限りでは栃若時代の二大横綱、栃錦と若乃花が最後かもしれない。

当然のことながら、この壁は足腰がしっかりしているのが第一条件である。相撲は足捌きも重要な要素だが、まずは壁がしっかりしていなければ相撲にならないのだ。

聞けば野球の守備の基本姿勢も、相撲の「はっけよい」の時の姿勢がバランスの取れた理想の姿勢とされているらしい。種目は違えど、基本というのはいろんなところで通じているものなのだろう。

ここまで述べた相撲に加え、柔道やレスリングといった相手と密着して勝負する競技では、自分の壁をしっかりと持つことが重要である。

一方、ボクシングやフェンシングのように相手と距離を取って戦う競技の場合は、「壁を作る」感覚と同時にその競技に適した基本姿勢、足捌きも大切になってくる。

ボクシングやフェンシングを見ていると、どうしても腕と手（ボクシンググローブや剣）に目が行ってしまいがちだが、実は両者ともに重要なのは足捌きのほうである。足捌きによって相手の隙を突き、一撃を与える。ボクシングや総合格闘技を見ていても、強い選手はみな足捌きがいい。

球技の中でも卓球やテニスは、足捌きにとても比重の置かれているスポーツといえる。足捌きによって相手をおびき出し、相手が返しにくいスペースへボールを打ち込む。この相手の死角にボールを打ち込む技術は、上半身ではなく下半身の動きがとても重要になってくる。

　上半身の動きに目が行ってしまいがちなスポーツでも、その足捌きに注目してみると、また違った世界が見えてくるはずである。

しなやかで懐の深い壁を作るのと同時に足捌きがとても重要

昔の人たちは筋肉に頼らない力の使い方を知っていた

幼い頃から相撲が大好きだった私は、今でも大相撲のテレビ中継をよく見る。サッカーや野球をはじめ、テレビではいろんなプロスポーツの中継を放送しているが、正直どれもあまり面白くない。見ていて「お、この選手はいいな」と思える人がほとんどいないのだ。そんなわけで、私がテレビ観戦するスポーツはもはや大相撲くらいになってしまった。

しかし、その大相撲にしても最近は全体的につまらない。千秋楽に満員御礼の垂れ幕が掛かったりもしているが、私からすると物足りない相撲ばかりである。

横綱の白鵬は、2019年の秋場所で初日に平幕力士に金星を与えると、早々に休場した。横綱在位12年あまりと、長年の疲労の蓄積が体のあちこちに故障として出てきているのだろう。でも白鵬がピリッとしなければ、今の大相撲は「オール幕内」状態。非常にレベルの低い相撲が毎場所繰り広げられている。

朝青龍と白鵬が二大横綱として争っていた時代はまだ面白かった。だが、私の大相撲観戦歴を振り返れば、先述したように1950年代に〝栃若〟として大相撲を盛り上げたふたりの横綱、栃錦と若乃花のほうが圧倒的に相撲内容が面白かった。

あの頃の横綱たちは、今と違って力に頼らず「柔よく剛を制す」を表すかのように、相手の力を逆に利用して土俵上に転がしてしまう卓越した技術を持っていた。

パワー重視の今の大相撲は、お互いにまわしを取る四つ相撲よりも、突っ張りや張り手を多用した押し相撲が主流となっている。体重の重い力士同士が毎日正面から押し合い、叩き合っているのだからケガも多くなって当然である。

戦前、東北地方の運搬作業をする女性で「女丁持（おんなちょうもち）」と呼ばれる人たちは、1個60キロの米俵を5つ、合計300キロの俵を背負っていたそうだ

（実際に撮られた写真も残っている）。

今の時代の人たちから見ると誰もが「えっ⁉」と驚くような作業だが、これは何も当時の女性たちが特別な力を持っていたわけではない。戦前くらいまでの日本人たちは、自分の力を最大限に引き出す体の動きや身のこなしといったものを本能的に知っていた。今の時代の人たちは、文明の利器の恩恵を受ける中で「人間としての本来の動き」を失ってしまっただけなのだ。

俵を担いだ女性だけでなく、かつては電車に乗って地方から野菜をいっぱい担いで売りに来ていた行商のおばちゃん、あるいは東京の木場あたりでは海や川に浮いた丸太に乗り、その丸太を回転させながら自在に操る職人さんたちがいた。昔の日本人は日常の中でごく普通に「体捌き」をしていたのだ。

現代人は文明の恩恵を受ける中で「人間本来の動き」を失った

〝一口〟入れる感覚が動きを根底から変える

私が道場生たちに体の動きを教える際、よく「そこで〝一口〟入れるんだよ」という表現を使う。

〝一口〟とは、余裕といってもいいだろうし、味に変化をちょっと加えるさじ加減といってもいいだろう。いずれにせよ、道場生たちと相撲などを取りながら体捌きを教えていく上で、「そこで一口入れるんだよ」と伝えるのだが、私が本当に教えたい動きはなかなか道場生たちに伝わらない。

センスのいい道場生だと、私の教えた体捌きが瞬間的にできることはある。だが、一回できたからといって「もう一回やってごらん」と言うとできない。

なぜ、一回できた体捌きが続けてできないのか?

それは、道場生たちが体捌きを頭で理解しようとしているからである。一度できた体捌きを、意識的に再現しようとするからできない。体捌きとは、無意識のうちに行われる人間本来の動きなのだ。


現代人が人間本来の体捌きができないのは、多くの人が世の中の当たり前とされることや常識に囚われてしまっているからである。

今の社会は情報にしろお金にしろ、「たくさん持っている」のがよしとされる世の中だ。世間の人たちは「欲しい、欲しい」とばかりに、いらないものまで抱え込んで生きている。だから常にお腹いっぱいの状態で、俊敏かつ臨機応変に動くことができないのだ。

そんなお腹いっぱいの状況に、余裕を与えてくれるのが「一口入れる」という感覚である。パンパンの状態の胃袋を「腹八分」の感覚に戻してくれるのが、私のいう〝一口〟なのだ。

現在、アメリカのプロレス団体「WWE」で活躍している中邑真輔選手とは、彼が日本でプロデビューしてまだ間もない頃から付き合いがある。

真輔が最初に道場に訪れたのは、2003年大晦日に行われた格闘技大会『Dynamite!!』でアレクセイ・イグナショフと戦ってからしばらく経った頃だった。真輔の動きを見たところ、相手に蹴りを入れるにしても、タックルを仕掛けるにしても無駄な力が働き、本来持っている力を発揮できていなかった。

そこで私は「大口で相手をバクッと食べようとするのではなく、ちょっと〝一口〟いただきますよ、くらいの感覚で蹴りも入れればいい」と助言した。

蹴りを入れる際、「相手を倒してやろう」と思うとどうしても体に余計な力が入ってしまい、そこから変な力みが生まれて相手への衝撃も半減してしまう。だから「一口食べる」くらいの感覚でスッと蹴りを繰り出すようにすれば、無駄な力が入らず足も鞭のようにしなり、自分が本来持っている力を十二分に発揮できるのである。

倒そう勝とうという欲が
無駄な力みを生み
相手への衝撃を
半減させてしまう

〝一口〟の感覚をつかめば、100％以上の力が出せる

私が道場生に体捌きを教える上で使う〝一口〟という感覚について、もうちょっと詳しくご説明しようと思う。

家族や友達の食べているものがおいしそうに見えて、それを食べてみたくなった時、人は「一口ちょうだい」とよく言う。私が体捌きの時に表現する〝一口〟も、この時使う〝一口〟と意味合いはだいたい同じである。

私が体捌きを教えている時、「動いてごらん」と道場生に言うと、ほとんどの道場生が私が思うより大きく動いてしまう。だから私はそんな時「ほんのちょっと、動きを入れればいいんだよ」という意味で「そこで一口入れてごらん」と言うのだ。

人はすごい力を出そうとすると体が力んでしまい、本来持っている100％の力が半減してしまう。自分の持っている力のすべてを出すには「全力を出そう」とがんばるのではなく、「ちょっとやってみるか」くらいの感覚で体を動かすのがちょうどいい。その〝一口〟の感覚をつかめば、自分の持っている力の100％以上の力を出すことも可能なのである。

前項でお話ししたように、プロレスラーの中邑真輔選手は私のところに過去、幾度も体捌きを教わりに来ている。

真輔が膝蹴りを教わりに来た時のことである。私は「俺に膝蹴りを入れてみろ」と言った。真輔は思いっきり膝蹴りを私に入れてきたが、それほどの威力はなかった。そこで私は、蹴りを入れる時の膝の向きや角度といったちょっとしたコツを教え、何度も試し蹴りをさせながら「思いっきり蹴るんじゃない。一口入れる感覚で蹴るんだ」と指導した。

するとどうだろう。真輔の蹴りは最初とはまったく違う、威力あふれる蹴りに変化を遂げていた。相手は一流のプロレスラーである。しかも〝一口〟の感覚をつかんだ真輔の蹴りは破壊力を増し、受けている私も正直ちょっと痛かった。バリバリの現役プロレスラーの蹴りの相手をする、70歳すぎの老人もそうそういないだろう。ちなみに真輔に教えた膝蹴りは今、「キンシャサ（日本ではボマイェ）」と呼ばれる必殺技となっているようだ。

みなさんも大きな力を出したいと思うなら、〝思いっきり〟はすぐにやめ、〝一口（ちょっと）〟の感覚を取り入れるべきである。

〝思いっきり〟から〝一口〟に切り替えれば破壊力が増す

スーパーアスリートは一瞬にしてトップスピードとなる

「柔よく剛を制す」ということわざは柔道でよく使われる言葉だが、私はこの言葉を聞くと、かつて「平成の三四郎」と呼ばれた日本柔道の古賀稔彦選手を思い出す。

古賀選手の体重は70キロ台だったが、1990年に体重無差別で争われる全日本柔道選手権大会に出場し、重量級の選手を次々と破り、堂々の決勝進出を果たした（決勝では小川直也選手に惜しくも敗退した）。

古賀選手は一本背負いを得意とする柔道家だった。彼は類まれな瞬発力と足捌きによって瞬時に相手の懐へと飛び込み、一本背負いを決めていた。相手からすれば「気づいたら体が宙に浮いていた」という感覚だったに違いない。

1996年のアトランタから2004年のシドニーまで、男子柔道60キロ級でオリンピック3連覇を成し遂げた野村忠宏選手も、古賀選手のように類まれな瞬発力を持った選手だった。また、女子レスリングの63キロ級と58キロ級で日本史上初、世界でも女子史上初の4連覇を成し遂げた伊調馨選手の高速タックルも「やはりスポーツの原点は走りだな」と感じさせてくれる素晴らしい動きだった。

古賀、野村、伊調、いずれの選手もスーパーアスリートと呼ぶにふさわしい金メダリストである。そして彼らに共通しているのが、瞬時にトップスピードに達する類まれな瞬発力と足捌きである。

重いものを複数名で持ち上げる時、よく「イチ、ニーのサン」とか「イッ、セーのセ」などと掛け声をかけ合ってタイミングを取る。このようにタイミングを取って力を出そうとするのはよくあることだが、瞬発力を争う競技では「ワン、ツー、スリー」とタイミングを取っているような暇はない。先述したトップクラスのアスリートたちはみな「ワン」のタイミングで、トップスピードに入ることのできる体力と技術を併せ持っている。

この「ワン、ツー、スリー」の「ワン」のタイミングでトップスピードになるには、常人離れした力がなければできないと思われる方もいるだろう。しかし、力が入っていては逆に絶対にできないものなのである。それを可能にするのが、まさに〝一口〟の感覚なのだ。

ここまでご説明してきたのは格闘技の選手たちだが、球技の世界にも素晴らしい瞬発力を持った選手がいる。それはサッカー・アルゼンチン代表のリオネル・メッシである。彼はまさに世界トップレベルの瞬発力によって、誰もが認めるプレーヤーとなった。メッシは試合中、あまり走らないことで知られているようだが、みなさんご存じのように彼は世界屈指のストライカーである。

メッシがすごいのは爆発的な瞬発力に加え、華麗な足捌きによって相手の目を殺してしまっているところだ。彼がボールを持ったことで、相手ディフェンダーの視線はボールに行く。本来ならディフェンダーはボールだけではなく、メッシを含めた周辺の様子も捉えていかなければならないのに、メッシがボールを持った途端にそれができなくなってしまうのだ。メッシには、そのような相手を惑わせる世界トップレベルの足捌きの技術がある。

いずれにせよ、瞬発力を必要とする競技において世界のトップに君臨するアスリートたちは、０からいきなり１００に達する瞬発力を持っているのである。

「ワン、ツー、スリー」のワンでトップギアに入れられるのが超一流のアスリート

本当の体捌きは、風、水、大地が教えてくれる

文明の力に染まった現代人は、頭で理解できないことに出会うと「不思議だ」あるいは「インチキだ」のひと言で片づけてしまうことが多い。

道場で日々行っている体捌きにしても、世間一般の人から見れば「何やってるの？」ということばかりである。

体捌きを使えば、まったく力を入れなくても大きな力を発生させることができる。だから道場で相撲を取っていても、ガリガリの小兵が体躯に勝る大男を突き飛ばしたり、ぶん投げたりといったことがしばしば起こる（ただ、それにしても一時的にできるだけなので、日を重ねるうちに元の小兵に戻ってしまうのだが）。

私は独自の体の動かし方を風や水、大地（土）、木々といった大自然と、そこに暮らす様々な生き物たちからも学んできた。

世間の方々は「風から何が学べるの？」「生き物が何を教えてくれるの？」とお思いのことだろう。

私が大自然から何を学んできたのか？

それを言葉で説明することはできないし、動きで教えたとしてもきっとみなさんには理解していただけないだろう。いや、理解できなくて当然である。長い付き合いの道場生たちだっていくら説明しても分からないのだから、そもそも一般の方々が分かるほうがおかしい。私のいう「人間本来の動き」とは、言葉で伝えられるものでも、頭で理解できるものでもないのだ。

最近は道場生たちが風になったり、枯れ葉になったりしながら、「理屈ではない体の動き」を楽しんでいる。最初は私が「こうやって風になるんだよ」「こうすれば葉っぱになれるよ」と手ほどきしながら教える。そうすると、風になった道場生が、枯れ葉になった道場生を「北風に飛ばされる枯れ葉」のごとく、コロコロと転がし始める。

風が枯れ葉を転がすのに力はいらない。それこそ小兵の道場生が、体の大きな道場生をいとも簡単に転がし続ける。転がしているほうは「なんでこんな簡単に?」と思うし、転がされているほうも自分に何が起こっているのか分からないままに転がり続けている。

と、ここまで読んだ読者のみなさんは、またしても「桜井さん、何言ってるの?」とお思いのことだろう。でも、申し訳ないがこれ以上の説明は、しようにもできないのである。

多くの人は枯れ葉を「死んだもの」と捉えているだろう。でも枯れ葉は死んでいない。枯れ葉は冬、多くの生き物に温もりを与え、さらにその後は土に還り、動植物たちの命を繋ぐための栄養分となる。

「地上をコロコロと転がっている枯れ葉は、死んでいない」

大自然から動きを学ぶということは、そういうことなのである。

枯れ葉は死んでいない。大自然は人間にとっての絶対的な師

第2章

超一流の体の使い方

つかもうとせず、触れるくらいの感覚が一番いい

勝利至上主義に席巻された今の社会は、「結果がすべて」「勝つことがすべて」である。相手に勝つためなら（ルールの範囲内で）何をしてもいい。そんな考えの大人ばかりだから、子供たちも知らず知らずのうちにそのような思考に染まっていく。

経済社会の中でいろんな競争、戦いが繰り広げられているが、私から見れば人も会社も、〝分捕り合戦〟をしているようなものである。「誰よりも多く得たものが勝ち」とされるから、誰よりも先に抜きん出よう、誰よりも多く得ようと大勢の人が血眼になっている。

雀鬼会で道場生たちが麻雀を打つ姿を見ていると、総じて牌を打つ動きが硬い。無駄な力を使って牌をつかんでいるから、動きがどうしても硬くなってしまう。本来、牌は「つかむ」のではなく、「触れる」くらいの感覚でツモったり捨てたりするのがいい。だが、道場生たちも今の社会で生きてきた子たちばかりなので、「つかみ取ろう」とする思考がなかなか抜けきらず、動きも「つかむ」という硬い動作になってしまっている。

だから、私は道場生たちに「牌は〝触れる〟くらいの感覚でツモりなさい」と教えている。指の関節を使ってつかむのではなく、指の平で触れるくらいの感覚で牌をツモる。そうすることで、体全体からも無駄な力が省かれて自然な動きに近づいていき、体にも思考にも柔らかさが生まれてくるのである。

私が道場生たちに毎夜体捌きを教えているのも、彼らに自然な動き、柔らかい滑らかな動きというものを知ってもらいたいからだ。その場、その場の変化に対応するには、心身の臨機応変さが求められる。その臨機応変さを可能とするのが、何事にも「触れる」くらいの感覚を持つことなのだ。

速く泳ごうとするあまり、水をつかもうとするから流れるように泳げない。速く走ろうとするあまり、大地を足でつかもうと力むから滑らかに走れない。力みは人が本来持っているパワーを半減させるだけでなく、その後に多大な疲労をもたらすものでもある。「勝つこと」「一番になること」ばかりに執着していては、一番にはなれないし疲れはたまる一方だ。「勝ちたい、勝ちたい」と思っているから逆に負けが込むことを、そろそろもっと多くの人が気づくべきだろう。

力みは
人が本来持っているパワーを
半減させ疲労をもたらす

ウサイン・ボルトは脱力しているから速い

陸上短距離100mと200mの世界記録保持者であるウサイン・ボルト（ジャマイカ）。彼は2017年の世界陸上ロンドン大会を最後に現役を退いたが、その走りは近年の短距離ランナーの中ではもっとも体の使い方ができているフォームだった。

走る時の姿勢や、スッ、スッ、スッと出るスムースな足の運び方、どれをとっても彼の走り方は自然の流れに沿っているし、「走る」というより、何か別の力に「押されて」走っているようにも見えた。

別の力に押されて走っているように見えたのは、きっと彼が力まず、自然体で走っていたからなのだろう。そういった理に適った走り方だったからこそあれだけ大きな体を使いこなし、世界最高峰のトップアスリートとして長くチャンピオンの座に君臨し続けることができたのだと思う。

ボルトは決勝以外のレースでは、ほとんどがゴール手前で力を抜いているように見えた。決勝でさえ「本気で走ってるのかな」と思わせるような力の抜き加減のレースもあったが、彼は常に脱力した走りを実践していたため、私たちの目には彼が本気で走っていないように見えたのだ。

「全力で走ろう！」と思うと体全体が力みで硬くなり、どこかに無理が生じて100％の力を発揮できなくなってしまう。しかし、ボルトのように余力を残して走ると、その余裕がレース後半の加速を生み、持てる以上の力を発揮させてくれるのである。

日本の短距離界では、2017年に9秒98の日本新記録を出した桐生祥秀選手が有名だが、彼の走りはボルトやかつてのカール・ルイス（アメリカ）などと比べると、どこか重たく感じる。きっと桐生選手の走りはまだまだどこかが硬いため、私の目にはその姿が重く映るのかもしれない。

余力を残して走ると
レース後半の加速を生み
持てる以上の力を発揮できる

「最速の男」コールマンの最大の武器は太もも

オリンピックの華ともいえる陸上男子100m。今回の東京オリンピックでもっとも注目されているのが、2019年の世界ランキング1位であるクリスチャン・コールマン（アメリカ）だという。

今回この本の企画で、コールマンの走りを初めて映像で見たが、その走りをひと言で表せば「太ももで走っている」ということがいえる。

コールマンは身長が低いわりに歩幅が広く、ゆったりと走っているように見える。これは膝から上の太ももをうまく使って走っているからだ。太ももを上げる角度が自分の身長に合っているから、足が着地した瞬間に跳ねる（次の一歩に移る）ことができる。この走法こそが、彼の最大の長所といっていい。

上半身は他の黒人選手同様に筋骨隆々でたくましいが、腕の振りも含めて太もも以外の動きはすべておまけみたいなもの。太ももの上げ方が理に適っていて実にスムースなため、一歩ごとにコンマ何秒かを節約できて、それが好成績に繋がっている。

私が見た2019年の世界陸上競技選手権大会（ドーハ）ではコールマンが金、ジャスティン・ガトリン（アメリカ）が銀だった。コールマンの走りには力みがなく軸もしっかりしていたのに対し、ガトリンの走りは軸が揺れてとても不安定だった。

コールマンは現段階でもっとも金メダルに近い男といえる。東京オリンピックでも雑念や欲、プレッシャーに惑わされず、余裕を持って走れば金メダルを獲れるだろう。

前回のオリンピックまで100mのヒーローといえば、先述したジャマイカ代表のウサイン・ボルトだった。

ボルトはコールマン同様、力みのない走りで一時代を築いた。彼の最大の利点は、あの大きな体を生かしたダイナミックな走りである。

ボルトの歩幅は広い。体が大きく歩幅が広いため、レース前半はやや遅れたような形になるものの、後半にその歩幅の広さが生きてくる。中盤以降は一歩ごとに加速し、ゴールの瞬間には他を引き離しての圧勝。そんなレースが実に多かった。

ボルトがあの大きな体を生かした走りで強いレースができたのは、柔軟性からくる柔らかい走り方だったからだ。１００ｍよりも２００ｍのほうが彼の走り方が生かされていたので、私は２００ｍのボルトを見るのが好きだった。

コールマンが太ももで走っているのに対し、ボルトは胸で走っていた。共通しているのは、ふたりとも走り方に力みがないこと。トップアスリートはみな動きに余裕があるから、どんな時も慌てたりバタバタしたりすることなく、安定した成績を残すことができるのだ。

コールマンもボルトも走りに力みがない
トップアスリートはみな動きに余裕がある

誰でも簡単にできる「力を抜くコツ」

雀鬼会では、麻雀を打つだけではなく、朝方まで体を使った遊びも楽しむ。最近多いのは卓球や相撲である。

道場生たちが相撲を取っているところを見ていると、体の使い方を理解していない者は上半身に頼った体の動きをしている。

腕を使って相手を押したり投げたりしようとするから、上半身に頼った体の使い方になってしまうのだが、相手を投げようと思ったら本当は下半身に意識を置くようにしたほうがいい。

上半身の力に頼ろうとすると腕や手などに意識が集中してしまい、どうしてもそこに力みが生まれる。だから変な力みが生まれないように、相手を投げようと思った時には意識を足のつま先などに持っていくのだ。そうすると力みが抜けた分、より大きな力を発揮できるようになる。

いってみれば、こういった動きこそが私のいう「体捌き」なのだが、体育の授業や各種スポーツの稽古・練習などで「運動」という動きを教わってきた道場生たちには、体捌きを実行するのは非常に難しいようである。

何か重いものを片手で持ち上げようとした場合、大抵の人はものを握ろうとするために手や腕に意識が行くだろう。

だが、私はそういった場合、何もしていない逆の手に意識を置く。そうすることで重いものが重くなくなり、力むことなくすっとものを持ち上げることができるのだ。力むことによって筋肉が震えたり、体の芯がブレたりするのはバランスを崩している証拠であり、体は隙だらけとなる。大抵の人は「がんばろう！」「勝とう！」という意識が強すぎるあまり、自ら勝手に崩れていく。これこそが自滅への道である。

歩く、走る、投げる、持ち上げるといった単純な動作ほど、意識を他に置くことで思った以上の力を発揮できるようになる。

私も齢を重ね、今では〝走る〟ということができなくなってしまったが、もし走るとしたら私は意識を指に置く。指とは、足の指のことではない。走るのとはまったく関係のない、手の指に意識を置いて私は走る。そうやって意識を変えるだけで、体には不思議な変化が生まれるものなのだ。

意識を他に置くことで思った以上の力を発揮できるようになる

１００m走は立ってスタートするほうが速い

現在、陸上短距離の１００m走のスタートは、座った状態からのクラウチングスタートが主流となっている。ふたつのスターティングブロックを両足で蹴ってスタートする、あの走法である。

私はどんな競技、種目であれ、人間が動くには「軸」がとても大切だと思っている（軸に関しては次項で詳しくご説明する）。しかし、クラウチングスタートのように前かがみになってしまっては、いい軸を作ることができない。スタート時に両足の間隔が前後に開きすぎているのも私から見るといい形ではないし、ブロックを使って反発を利用しようとするやり方も自然体の走りをする上で有効とは思えない。

人が自然体で走るには、いわゆる立ったままのスタンディングスタートが一番いいと思う。中・長距離走で選手たちがスタートする時のあの自然な姿勢である。

スタートした瞬間にトップスピードに持っていくためには、ブロックを使ったクラウチングスタートのほうがいいかもしれない。しかし、しっかりと軸を保ちながら流れに乗った走りをするには、スタンディングスタートのほうが向いているのだ。

ボルトにしろ、カール・ルイスにしろ、彼らはしっかりとした軸を持っていたが、私がいい軸を持ったランナーとして真っ先に思い浮かべるのは、90年代に200mと400mなどで世界を席巻したマイケル・ジョンソン（アメリカ）である。

マイケル・ジョンソンは200mで21連勝、400mで56連勝の連勝記録を持ち、世界陸上で8個、オリンピックで4個の金メダルを獲得した。

マイケル・ジョンソンの走りは、のけぞるかのように背筋を伸ばした独特の走法だった。世間一般の方々は「あんなのけぞった走り方でよく速く走れるな」と思っていたかもしれない。でも、あれこそがいい軸を持った自然体の走り方なのだ。

「前かがみのほうが速く走れるのでは？」

そんな疑問を持つ方もいるだろう。だが、前かがみで走っていいのは、四本足の動物だけである。人間は動物と違い、二本足で走る生き物である。二本足なのに頭だけ前に出ていたら、どう考えてもバランスが悪い。そんなバランスを崩した走りで、速く走れるわけがないのである。


クラウチングスタートとスタンディングスタート、どちらが速いかは、スターティングブロックを蹴り出す技術の上手・下手によっても微妙に変わってくるだろうが、しっかりした軸ができている選手であれば加速が強いゆえ、スタンディングスタートのほうが優位だと思う。

体の動きというものは、固定観念や既成概念に囚われず、より自然に近い動きを求めていくことで活路が見出されていく。クラウチングスタートは、そもそも第1回アテネオリンピックでひとりの選手が使ったことで広がったという。それまではみなスタンディングスタートだったわけだ。陸上の短距離界に、再びスタンディングスタートを用いるトップアスリートが出てきたら、私は大いに注目したいと思う。

どんな競技であれ
人間が動くには軸がとても大切
しっかりとしたいい軸が
自然体の動きを生む

テニスのジョコビッチが持つ格別な「軸」

私が体の動きを説明する際に度々登場する「体の軸」というものに関して、さらに詳しくご説明しておきたい。

私の考える「軸」とは、体内を一本の柱で貫く、背骨のようなものではない。私の考える軸は一直線ではないし、上下に走るものでもない。分かりやすくいうと、ジャイロスコープのように360度クルクルと回転する球体の中にある軸とでもいえばいいだろうか。そのような軸を持っていれば、体がどんな状態にあろうと、どんな動きをしようとしっかりと軸でバランスを取ることができる。

対戦型の競技はどんな種目であれ、結局はこの軸の取り合い、崩し合いで勝負が決まる。いい軸を持っている人は体の中にいくつもの軸があるからバランスがいいし、なかなか軸が崩れない。一方、しっかりとした軸を持っていない人は相手に軸を取られやすく、バランスも崩しやすい。オリンピックで金メダルを獲るようなトップアスリートはみな、いい軸をたくさん持っている。

私はテニスはあまり詳しくないのだが、先日たまたまテレビでテニスの試合を観戦した際に見た、ノバク・ジョコビッチ（セルビア）の動きは「いい軸を取っているな」と思わせるものだった。

ジョコビッチは、相手のサービスを待ち受ける時の構え方が実によかった。その時の対戦相手の構え方からいい軸はあまり感じられなかったが、ジョコビッチはしなやかな軸を取って相手の攻撃を受けていた。

いい軸があれば、前後左右、上下、すべての動きに対応できるから、相手からするとボールを打ち込む隙がない。テレビで観戦しているだけではあまり伝わってこないかもしれないが、試合会場でジョコビッチと向かい合う対戦相手は、その存在感だけで相当な重圧を受けているはずである。それほどまでに、ジョコビッチの構え方には隙がない。後日、道場生に聞くと、ジョコビッチは世界ナンバー1のテニスプレイヤーだという。やはり、世界でトップを張るようなスーパーアスリートはその軸も格別なのだ。

いい軸があれば隙がなく前後左右や上下すべての動きに対応できる

一流のアスリートは、みな〝スナイパー〟である

前項ではジョコビッチの持つ「いい軸」に関して触れたが、彼の試合を見て感じたことをもう少しお話ししたい。

ジョコビッチのプレーを見ていて気づくのは、彼は攻撃もすごいがとくに受けがいいということ。要するにサービスもいいが、レシーブもいいということである。

ジョコビッチは相手のサービスを待っている時の位置取りがよく、小刻みにステップをして体を揺らしながら、次の動きに備えている。いつ何時でも「小さな動き」から「大きな動き」へと繋げる準備に余念がない。だから彼は、どんなサービスにも対応できるのだろう。

小さくステップを踏みながら相手に照準を合わせるジョコビッチは、例えるなら一撃必殺の狙撃手（スナイパー）といえるかもしれない。もっといえば、相手のサービスを待つ時の彼は、サバンナで獲物を狙うヒョウのようにも見える。低い姿勢のまま瞬間的にトップスピードとなり、狙った獲物を無駄のない動きで捕らえる。コート内のジョコビッチはスナイパーであり、ヒョウでもあるといえる。

相手の動きを的確に捉え、サービスの球筋を読み、リターンで的を射る。彼にかかれば、どんな相手も「下手な鉄砲も数撃ちゃ当たる」を地で行く、性能の悪い機関銃に見えてしまう。

無駄がなく、かつ柔らかく相手を捉えるジョコビッチの動きはいつ見ても美しい。これはテニス界に限った話ではなく、トップアスリートはみな動きが美しく、チャンスを逃さないスナイパーさながらの一撃必殺の技を持っているのだ。

トップアスリートは無駄のない動きを一瞬にして行い一撃必殺で仕留める

目に頼らなければ、いろんなものが見えてくる

目をつぶった状態で手の平をちょっと丸め、そのまま目の前を覆ってみてほしい。まず、目をパッと開けてみる。すると目の前は当然のことながら手の平で覆われており、何も見えない（手の平だとは分かるが物体を判別できる状態ではない）はずだ。そこで再び目を閉じ、今度はうっすらと目を開けてみてほしい。すると、手の平のシワなどが段々と見えてこないだろうか。

なぜうっすらと目を開けることで、手の平のシワが見えるようになるのか、私は目の専門家ではないので分からない。でも、周囲で起きている物事を感知する際、私はこの「うっすらと目を開く」ような感覚ですべてを感じるようにしている。

周囲で何が起こっているのか、自分がどのような状況に置かれているのか、それを感知しようとした際に、視覚という感覚に頼らないことで聴覚が冴え、嗅覚や触覚もより働くようになる。

人はどうしても、目の前で起こっていることを目によって見ようとする。しかし、視覚に頼るあまり、目の前にあるものの本当の姿が見えていない。人間には「五感」というものが備わっているわけだから、この5つの感覚をバランスよく使うことで周囲で何が起こっているのか、あるいは自分がどのような状況に置かれているのかが見えてくるのである。

私は道場にいる時、道場生たちの後ろ姿を見るだけで、あるいは打たれる牌の音を聞くだけで「あ、あの卓は今このような状況にあるな」「あの卓はあいつの調子がいいようだ」ということが分かる。さらには道場の外の通りを誰が歩いているか、建物の前に停まった車から誰が降りてきたかなども同時に感じている。これは私が、幼い頃から視覚だけに頼らずに生きてきた結果である。別にこういった感覚は、私だけが特別に持っているわけではない。人間なら誰もが元々持っていた感覚なのだが、現代人はその五感を閉ざしてしまっているだけなのだ。

普段の生活の中で周囲を見る時に、視覚に頼らず五感で感じるようにしていく。そうすると少しずつ、視覚以外の感覚が開いてくる。見えないものを見えるようにするには、そうやって少しずつ、未知の感覚を身につけていくしか方法はない。


社会の常識に則れば、「ものを見るには目を使え」となるのだろう。だが、私はそういった世の常識やモラル、当たり前とされることを「いらないもの」「邪魔なもの」として省いて生きてきた。このように、邪魔なものを消していくと、物事の本当の姿というものが浮かび上がってくる。

みなさんが健康のため、あるいは趣味で行っているスポーツ（運動）も、「この運動はこのように動きなさい」と教科書的に教わってきたものが多いはずだ。だが、そのような知識や情報に頼ってしまうと、人間本来の自然な動きができなくなってしまう。余計なものをすべて省いたところに、人間本来の動きは存在するのだ。

この世の中で当たり前とされていることや常識、さらには知識や情報といったものは、人間が人間らしく生きていく上で障害になることのほうが多い。それを理解するだけでも、閉じていた五感が少しずつ開き、さらには自然な動きが可能となることを覚えておいてほしい。

教科書的な知識に頼ると人間本来の自然な動きができなくなる

〝踊り〟には動きの本質が秘められている

幼い頃から、私はとにかく体を動かして遊ぶのが大好きだった。動いて、体で感じて、本能に近いところで選択、判断をしていく。そんなことを毎日続けるうちに、他の人たちにはあまり見えていない物事の本質というものも見えるようになってきた。

体の〝動き〟を突き詰めていくと、最終的には〝踊り〟というものに行き着く。海の中を悠然と泳ぐサメにしろ、サバンナで獲物を追って走るチーターにしろ、流れるように連続した柔らかく滑らかな動きをする。そして、人間が自然界の動物たちのように動こうとすれば、その究極は〝踊り〟になると私は考えている。

日本舞踊というものがあるように、世界にはそれぞれの民族が長い歴史の中で育んできた舞踊がある。原始的な生活を送っていた太古の人類も、宗教的な儀式において〝踊り〟を用いていたという。日本の盆踊りも、もしかしたらそういった古の文化の名残が形を変えて伝えられてきたものなのかもしれない。

日本の伝統芸能である「能」や「狂言」を見ると、私はその中にかつての日本人がみな持っていた自然な動きを感じる。

〝歩く〟という動作は、動物たちの動きの中でもっとも基本的なものであるが、自然界の動物たちはすっと流れるように歩くのに対し、現代人はバタバタと騒々しく歩く人がとても多い。

しかし、能や狂言の歩き方は非常に滑らかで、私はそこに自然の動きにとても近いものを感じる。それは、歌舞伎を見ていても、バレエのダンスを見ていても感じる。中国の太極拳もあれは武道ではなく、舞踏である。運動も突き詰めていくと究極の形は〝踊り〟となる。世界各地で古くから続く〝踊り〟には、そんな動きの本質が秘められているように思う。

もし、「もっと速く走りたい」「もっと速く泳ぎたい」と思っている人がいるならば、「速く動こう」とするのではなく、流れるような、踊るような動きを意識してみるといい。そうすれば、少しずつ動きの本質が分かってくるはずだ。

能や狂言の滑らかな歩き方は自然の動きにとても近い

モハメド・アリも踊っていた

世の中にある様々なスポーツをざっと見渡しても、踊るように、滑らかに、柔らかく体を使っているスポーツはほとんどない。

「踊るように動く」

これを聞いて思い浮かぶのは、伝説のボクサー、カシアス・クレイ（後のモハメド・アリ）である。

モハメド・アリ（アメリカ）は1960年のローマオリンピック、ライトヘビー級で金メダルを獲り、その4年後には世界ヘビー級王者となった。

リングを軽やかに飛び跳ねながら、鋭いパンチを繰り出すアリのその動きは「蝶のように舞い、蜂のように刺す」と称され、ヘビー級とは思えぬその華麗なフットワークに、世界中のボクシングファンは魅了された。

アリの動きで私がいいなと思ったのは、そのステップだ。それも相手に向かっていく前へと攻めるステップではなく、相手との間を取るバックステップの動きがアリは実に上手だった。あのバックステップはディフェンスに効果を発揮するだけでなく、その後、前に出る威力をも倍増させていた。

今のボクシング界、とくに重量級にはアリのようなボクシングスタイルの選手はほとんどいない。踊るようにボクシングをしてノックアウトを重ねていったアリは、自然に近い体の動きを実現していた稀有な存在だといえるだろう。

リング外では人種差別とも戦っていたアリは、反骨精神の塊のようなアスリートだった。彼は当時の体制に真っ向から異を唱え、ベトナム戦争時の兵役も拒否した。そのために王座のみならずボクサーライセンスまではく奪されてしまうが、持ち前の反骨精神で再び王座に返り咲く。彼はいつも怒りを漲らせていた。マグマのように内部にふつふつと湧き上がってくる怒り。そういった怒りの感情も彼を動かす原動力になっていたに違いない。

蝶のように舞い
蜂のように刺す
華麗なステップで
躍るように動けると強い

いいボクサーは、足を使ってスッと相手の懐に入る

ロンドンオリンピックのミドル級金メダリストであり、現WBA世界ミドル級王者である村田諒太選手は、現在の日本を代表するボクサーのひとりである。

村田選手は2019年12月23日、横浜アリーナでWBA世界ミドル級8位のスティーブン・バトラーと対戦し、5回2分45秒TKO勝ちを収めた。今回この試合の映像を見ると、村田選手は序盤から体が重そうで動きも鈍かった。

しかし、彼は不器用ながら「前へ、前へ」というスタイルを貫いているため威圧感がある。ボクサーにとって、この威圧感は強力な武器になる。彼がオリンピックで金メダルを獲れたのも、プロの世界でチャンピオンになれたのも、この独特の威圧感が

あったからである。

村田選手のステップの仕方を見ていると、相手の足と合わせるのがどうもうまくない。だから相手の隙を突いて足をもう一歩出すことができず、思ったようにクリーンヒットを放てない。このあたりの足捌きをもう少し磨けば、彼のボクシングは格段によくなるはずだ。

また、村田選手の次の対戦相手と噂されているパウンド・フォー・パウンド（PFP）最強王者のサウル・カネロ・アルバレス（メキシコ）の動きも映像でチェックしたが、上半身（とくに肩）の振り方が実にいい。しかもアルバレスは村田選手と違い、足捌きもうまい。パンチと一緒に足も出ているから、刺すような鋭いパンチを繰り出すことができている。

村田選手とアルバレスの現状の力を見比べた時、村田選手には申し訳ないがちょっと勝ち目がないように私には映った。

いい足の動きといえば、「モンスター」として世界的人気を誇る井上尚弥選手（W

BAスーパーとIBF世界バンタム級の王者）は、私が言うまでもなく軽快でいいステップをする選手だ。彼もトップアスリートに共通している「無駄な動きがない」という利点を持ち、軽やかなステップとともに相手の懐にスッと入っていく。

2019年11月に行われたWBSS決勝では、井上選手は元5階級制覇王者のノニト・ドネア（フィリピン）と判定にまでもつれる死闘を演じたようだ。

今回初めてこの映像を見たが、1ラウンド目から力の差は歴然で、いつ井上選手が倒すかというほど相手のドネアを圧倒していた。しかし2、3ラウンド目あたりから井上選手の動きが別人のように変わってしまった。

聞くところによると、井上選手は第2ラウンドにドネアの強烈な左を右目に食らい、瞼をカットしてしまったのだという。そこからの彼は、右目ではものが二重に見えていたそうだ。だから以降は右目の異状を相手に悟られず、かつ右目をなるべく使わないボクシングに切り換えたため、私の目には別人のように映ったのだろう。だが、タフな強敵を相手に片目で最後まで戦い抜くという離れ業ができたのも、彼がパンチだけではなく、相手をかわすいい足捌きを持っていたからだといえる。

2020年4月には、3団体統一戦がラスベガスで行われる予定だったが、コロナの影響で延期となったようだ。本来であれば、きっと彼はこの試合にも勝利し、世界にまた「井上」の名を知らしめていたことだろう。

いいボクサーは足捌きがいい
片目が見えなくとも
足で栄光をつかみとる

体を上手にコントロールできる人は疲れをためにくい

オリンピック出場を目指すようなアスリートは、一日の練習時間も長く、まさに血のにじむような努力を続けて目標や夢を達成しようとしているのだろう。

全力で練習に取り組めば実力は伸びていくだろうが、あまりにもハードな練習を長く続けていれば心身ともに疲れがたまり、逆に本番で１００％の力を発揮することができなくなってしまう。練習することで心身ともにタフになるのならいい。だが、疲れを残したまま練習に取り組む日々が増えれば増えるほど、それは逆効果となってしまうだろう。

疲れを残さない練習をするには、練習方法を考えるより先に、まず「自分の体のコントロール」がしっかりとできていないといけない。

自分の体をうまくコントロールできるのは、疲れがたまるような体の動きを回避することができる人である。自分の体のコントロールがうまい人は、実際にものを投げたり、蹴ったりする時のコントロールもいい。だから私は、自分の体の調子を計る上でも普段からものを投げたりしながら（ゴミ箱に紙くずを遠くから投げ入れたり）、その結果を自分のコントロールや心身の乱れを知る指標としている。

スポーツをした後などによく「ああ、いい汗をかいた」と言うが、いい汗をかくような運動もその後に疲れをあまり残さない。

私も、若い頃はどんなにハードな体の使い方をしても、その疲れが翌日に残るようなことはまったくなかった。だが、70代中盤となって、体のあちこちに疲れが残るようになってきた。元々寝るのが苦手で、世に言うショートスリーパーの私は「寝て回復」という手段を用いない。そんな生活を続けていれば、まあ疲労はたまって当然といえば当然である。

しかし、そんな私でもハードに体を動かしたのに、翌日に疲れを残さない時がたまにある。それこそが「いい汗をかいた」時なのだ。

雀鬼会の道場では、深夜に始まった体を動かす遊びが明け方まで続くことが度々ある。先日も朝の7時頃まで卓球をして遊び、寒がりの私が大汗をかいた。この時の汗は、自分自身を爽快にさせてくれる「いい汗」だった。

日々、ハードな練習を続けている人たちは、まず自分の心身をコントロールする術を磨きつつ、少しでも「いい汗」をかくようにしていけばいい。そういった日々の積み重ねこそが、その人の実力を効率的に伸ばしていくのだ。

「いい汗」をかくことで自分の体をうまくコントロールする

それぞれの体に合った それぞれの動きがある

陸上のマラソン競技を見ていると、みなそれぞれにいろんな走り方（フォーム）をしていて、人間の個性や、さらにはクセといったものを強く感じさせる。

それぞれの選手がそのフォームに至ったのには、「速く走るにはどうしたらいいのか？」を突き詰めた結果なのだろうが、その走り方が自分に合っていなければいい結果は出ない。そう考えると、オリンピック出場を争うようなトップアスリートの走りには、それぞれの特性が強く表れているといっていいだろう。

野球を見ていても打撃フォーム、投球フォームともにいろんな打ち方、投げ方があることに気づく。

世界のホームラン王と呼ばれた王貞治さんの一本足打法も実に個性的だったし、ピッチャーで〝サブマリン投法〟と呼ばれるアンダースローも、近年のプロ野球では珍しい存在になりつつある。

かつて、メジャーリーグで大活躍した野茂英雄投手の〝トルネード投法〟も、特徴的な投げ方で注目を集めた。

一本足打法にしろ、アンダースローにしろ、トルネード投法にしろ、それぞれの個性的なフォームはそれぞれの選手の体にとってその投げ方、打ち方が合っているからそうなったわけであり、王さんも野茂投手も結果として大成功を収めた。

野茂投手の投げ方は、プロ入り当時「あれでは肩や腰、膝に負担がかかりすぎる」「無駄が多すぎる」などいろいろと物議をかもした投げ方だった。

確かにトルネード投法は普通の人にはなかなか真似のできない投げ方だし、体への負担も普通の投げ方よりは大きいだろう。だが、野茂投手にとってはあの投げ方が合っていた。あの投げ方だからストレートの球速は150キロを超え、超一流バッターをきりきり舞いさせた落差の大きいキレのあるフォークボールも投げられたし、かつ10年以上もメジャーで活躍できたのだ。具体的にいえば、野茂投手の投げ方はねじる、ひねるというよりは「円運動」を取り入れた理に適った動きである。

野茂投手の残した成績を見て感じるのは、周囲の人には「負担のある体の使い方」のように見えても、本人にはまったく負担になっておらず、むしろ持てる力の100%以上の力を引き出してくれる体の使い方になっている場合があるということだ。

本人が「この投げ方で負担はかかっていません」と言っているのに、監督やコーチが余計なお世話でフォームを変えようとするから肩や肘を壊し、夢半ばにしてプロの世界から去っていった選手たちもきっと多いに違いない。逆にいえばスポーツの指導者というのは、既成概念や常識に囚われず、選手それぞれの体の特徴をつかみながら個性を生かした指導をしていく必要があるのだ。

常識外の動きでもその人に合っていれば問題ない

日本人に適した筋肉のつけ方がある

今、アメリカのメジャーリーグで大谷翔平選手が大活躍を続けている。日本でプレーしていた頃、その動きをテレビで見て、体は大きいが柔らかくていい動きをしていると思っていた。そして彼は今も異国の地で、日本と変わらぬ好成績を収めている。

ひとつ心配があるとすれば、かつて海を渡ってメジャー入りした選手の多くがそうだったように、欧米人のような肉体を求めてトレーニングをし、筋肉をつけすぎてケガをしてしまう（ケガのしやすい体質になってしまう）ことである。

欧米人と日本人では、骨格も筋肉の質も何もかもが違う。にも関わらず、欧米人に合わせようとするから体に無理が生じる。同じメジャーでイチロー選手が45歳まで現役を続けられたのは、自分の肉体に抗うことなく、日本人として日本人らしいトレーニングを地道に続けてきたからに他ならない。

私は大相撲が大好きで場所が始まるとよくテレビで観戦をするが、最近は大相撲もケガ人ばかりでまったく楽しくない。これは、戦い方の変化（お互いがまわしを握って組み合う四つ相撲が減り、ぶつかり合う押し相撲ばかりになった）もあるが、パワーをつけるための筋力トレーニングの変化も大いに関与しているように思う。

筋肉を適度につける分には、動きがよくなったりすることもあるのだろうが、過剰なトレーニングや栄養摂取によって筋肉をつけすぎれば、動きは重くなって体も硬くなるに決まっている。

細く、しなやかな竹やヤシの木が、強風でも折れないのは柔軟性があるからであって、幹の部分が硬くなればたちまちボキッと折れてしまうことになるだろう。

メジャーのような屈強な肉体の集団の中にいると「自分も体を大きくしなければ」「パワーをつけなければ」と思いたくなるのも分かる。しかし、日本人には日本人に合った「筋肉」と「トレーニング法」がある。欧米人のパワーに真っ向から勝負を挑むのではなく、「柔よく剛を制す」の精神で、日本人ならではの長所を伸ばしていく。世界と勝負するには、そういった考え方が必要なのだ。

日本人に合ったトレーニングと「柔よく剛を制す」の精神で長所を伸ばし世界と勝負する

大谷翔平の高い対応力の根っ子にあるもの

大谷翔平選手がメジャーに移籍した1年目。シーズン開幕前のオープン戦での彼のバッティングを見ていて、ゆったりとした「いい間」が取れているように感じた。若い選手は「打ってやる!」とばかりにプレースタイルも猪突猛進になってしまいがちだが、あの時の大谷選手からはそういった気負いのようなものがまったく感じられなかった。「いい間」を保ちつつ、メジャーのピッチャーたちの配球や球質をじっくり見極めて、自分のバッティングをどう対応させていくかを考えていたのだろう。

結果として、大谷選手は移籍1年目から見事にメジャーに対応してみせた。あの対応力の高さは、彼が精神と肉体の両面で柔軟性を持っていることをしっかりと表している。

だが、いくら柔軟な心身を持っていたとしても、野球というスポーツにおいてピッチャーにケガは付き物である。シーズン中に肘を痛めた大谷選手はシーズン終了後、トミージョン手術を受けることになった。


そもそも、野球にはひねったり、ねじったりと、自然の流れに反するような動きがとても多い。「投げる」という動作は肩と肘、手首などに多大な負担をかける。どんなに体が丈夫な人でも、このような動作を一日に何百回も続けていれば、当然のことながら体のどこかに不調をきたす。

速い球を投げる人ほど、その負担は大きくなるから、プロ野球やメジャーで活躍するピッチャーがケガをするのは、もはや「職業病」といってもいいかもしれない。

「いい間」が柔軟な動きを生む

東京オリンピックで注目したい、ふたりの日本人選手——大野将平・瀬戸大也

今回、何人かのオリンピックメダル候補の映像を見た中で、私が注目したいと思うのは、男子柔道73キロ級代表の大野将平選手（28歳）と、男子競泳の個人メドレー（200mと400m）代表の瀬戸大也選手（25歳）である。

ふたりはともに20代中盤から後半。スポーツの世界では、まさに脂の乗っている世代だといえるだろう。

大野選手は、前回のリオデジャネイロオリンピックでも金メダルを獲得しており、今回のオリンピックで2連覇を狙っているそうだ。

2019年の世界選手権予選を映像で見たが、大野選手の一番いいところは相手の

懐にスッと入る「体の回転」の素早さだろう。

格闘技系のスポーツでは、相手の懐に入っていくのは怖いものだ。だが、大野選手にはその怖れがない。しかも彼は得意の大外刈りや内股に持っていくため、相手の懐に背中から入っていく。

勝負師が相手に背を向けるのは、ある意味「ご法度」である。だが、彼は自分の求める柔道、「一本を取る柔道」を実現するために、躊躇なく背中から相手に向かっていく。ずば抜けた体の回転（キレ）と、常に怖れず挑んでいく精神力。彼の最大の持ち味は、このふたつといっていいだろう。

大野選手は体の回転に加え、腰と膝の使い方も実に巧みである。腰と足を上手に使い、鋭い回転で瞬時に相手を担ぐ。この動きは、かつての71キロ級金メダリスト・古賀稔彦選手を彷彿させるところがある。

大野選手自身、オリンピック2連覇に向けて「基本的には超攻撃的に一本で勝ちに行きたい。投げる柔道を目指したい」とコメントしているそうだ。ぜひ彼には近代化された世界の「ＪＵＤＯ」ではなく、長い歴史が息づく日本の「柔道」で金メダルを獲ってもらいたい。

もう一方の競泳代表の瀬戸大也選手は、２０１９年の世界水泳選手権の２００ｍと４００ｍの個人メドレーでともに金メダルに輝き、今もっとも乗りに乗っている水泳選手である。

メドレーでの瀬戸選手の泳ぎを見ていくと、もっとも得意とするバタフライは手のかき方が水面すれすれをいくかき方で、泳ぎにまったく無駄がない。

背泳ぎは体が揺れやすい泳ぎ方なのだが、瀬戸選手の体は揺れているようで揺れていない。動きにブレがないから、スムースに泳ぐことができている。

平泳ぎを見ると、腕のかき方より足のキックがいい。キック力があるから、上半身が水面からちょうどいいところに出てくる。２０２０年2月に行われた競技会で、彼は専門種目でもないのに１００ｍ平泳ぎで優勝を果たしたそうだ。こういった結果を見ても、今彼は乗っている状態であることが分かる。

最後のクロールだが、彼は左手主体の実に個性的な泳ぎ方をする。左手でこぎながら泳いでいるとでもいおうか。さらにその左腕の回転が速い。左手の抜けがいいから、泳いでいるうちに回転がどんどんよくなっていく。左手の抜けがいいのは、彼の体に柔軟性があるからだろう。

瀬戸選手の泳ぎは、全体的に力みがまったく感じられない。自然体で、水に乗って泳いでいる。大野選手と同様に、彼も東京オリンピックでは素晴らしいパフォーマンスを見せてくれることだろう。

大野選手は体のキレと精神力
瀬戸選手は水に乗る柔らかい泳ぎで
金メダルを狙う

天才スイマー、マイケル・フェルプスの泳ぎは翼を広げて飛んでいる

現役時代のイチロー選手の動きには、私の好む「円の感覚」があった。打席に入る前の素振りを見ても、彼の動きに「円」を感じた。

「円」の動きとは、柔らかくしなやかな線が円となって繋がっている動きである。普通のバッターはピッチャーから投じられたボールを「点」で捉えようとするが、イチロー選手はボールを線で捉え、自分の円の動きの中で対処しようとしていた。彼はそういった普通の選手にはない感覚を持っていたので、あれだけの大記録を打ち立てることができたのだろう。

以前、競技は異なるがオリンピックでとある選手の動きを見ていて、イチロー選手と似たような「円の動き」を感じたことがあった。それは、アメリカの競泳選手、マイケル・フェルプスの泳ぎをテレビで見た時だ。

種目はバタフライだった。彼の泳ぎを見て、私はしなやかな「円」の動きを感じると同時に「フェルプスは泳いでるんじゃなくて、翼を広げて飛んでるな」と思った。私には、フェルプスの両肩から羽が生えているように見えた。その姿はまるで大空を自在に舞う鳥のようだった。

そもそも、私がなぜフェルプスに注目していたのかといえば、私自身が幼い頃から泳ぐことが大好きだったからである。

小学生の頃は、夏になれば毎日のように川で泳いで遊んだ。先ほども述べたが、泳ぐことがあまりにも好きだったため「家から小学校まで水路で繋がっていれば、毎日泳いで通えるのに」と本気で思っていたほどである。

今でも毎年夏になれば、道場生たちと一緒に伊豆の海へと繰り出す。70代も中盤をすぎ、今では昔ほどは泳げなくなってしまったが、それでも1～2週間は伊豆に滞在し、素潜りなどをして毎日海で遊んでいる。

高校生の頃は水泳部の選手でもないのに大会に駆り出され、後のオリンピック代表選手を下して優勝したことがある。女房には「お父さん、（モーター）ボートより速かったよね」と言われたこともあった。

あの頃の私はバタフライをするにしても「泳ぐ」という感覚ではなく、アメンボのように「水の上を滑る」ように泳いでいた。水の上を滑っている感覚だから重力も浮力も関係ない。若い頃は体が柔らかくしなやかで、かつ体重も軽かったからあのような泳ぎができたのだろう。フェルプスの泳ぎを見ていて、私の中にあるあの頃の感覚が蘇ってきた。

当時の泳ぎを今やれと言われても、さすがに70歳をすぎた今ではちょっと難しい。また、あの頃の私の泳ぎは「スポーツ」で覚えた動きでもないし、何かの「泳法」を身につけたものでもない。遊んでいるうちに、あるいは魚の泳ぎ方などを見ているうちに自然と身につけた感覚的な動きなので、誰かに教えるということもできない。

フェルプスの泳ぎ方はとても力強さを感じさせる動きだったが、あくまでもそれは「スポーツ」「運動」という枠の中でのものであり、私とは泳ぎ方が違う。私が身につけた自然な動きと「スポーツ」はまったくの別物。だから教えることも伝えることも極めて難しいのだ。

イチローやフェルプスには確かな「円の動き」がある

平泳ぎを速く泳ぐコツ

私が幼い頃から培ってきた独自の泳法を、そのまま他の人に伝授することはできないが、泳ぎ方に関していくつかのヒントやアドバイスを伝えることはできる。

例えば、平泳ぎは両腕のかき方がうまければ、大きくタイムを伸ばせる泳ぎ方である。一般の方々の腕のかき方は大きく、輪を描くように水をかいてしまう人が多いが、あの泳ぎ方では速く泳げない。

アテネオリンピックと北京オリンピックで金メダルを獲得した北島康介選手の泳ぎ方を見ると、腕をかいた時に上半身の胸のあたりまで水上に飛び出していた。

北島選手があそこまで上半身を水上に出すことができたのは、両腕をかき込む時に

「水を輪のようにかき込む」のではなく、「途中から腕をすぼめるようにして胸の下に両手を持ってくる」ことで、その時に生じた浮力を推進力に変えて泳いでいたからである。

最初は輪のようにしてかき始めた両腕を途中からすぼめて、その際にキャッチした水を胸の下で一気に吐き出す。これが、平泳ぎを速く泳ぐ際のもっとも重要なポイントなのだ。

もちろん、下半身の「足の蹴り（キック）」も重要だが、キックが重要なのはクロールや背泳ぎも同じ。とくに膝から足首にかけて、柔らかくキックすることが大切である。

バタ足をした時、柔らかく足を使えている人はしぶきもそれほど立たないし、静かに流れるように進んでいく。それに対して、足の使い方が硬い人はバタバタと騒々しく、一生懸命キックしているのだがそれが推進力となっていない。

柔らかい足の使い方とは、分かりやすくいえばイルカの尾びれのような動き方である。水泳でも「ドルフィンキック」という泳ぎ方があるが、バタ足をするにしてもイルカのような滑らかな足の動かし方を意識するといいだろう。

柔らかく足を使えば
しぶきも立たず
静かに流れるように
進んでいく

第3章 超一流の勝負の仕方

あえて不利な型から始めると力が伸びる

最近の柔道の試合を見ていると、お互いに袖や襟をつかませまいとするあまり、その駆け引きばかりで無駄に時間がすぎている。あの様子はなんだか子供が服の引っ張りっこをしているようで、見る側としては極めて興醒めだ。

背負い投げをするにしても、膝を畳に着けて相手を投げようとする選手が多い。本来の背負い投げは立ったまま投げるはずである。

このような変化を見て感じるのは、柔道は私たちの知っている「柔道」ではなく、世界に普及したスポーツ「ＪＵＤＯ」になってしまったということだ。

私は相撲や「体捌き」などで体を動かすにしても、麻雀をするにしても、「自分の不利な型」から始めるのを好む。

自分が有利な型から始めても何も面白くない。不利な型から始め、その状況に対処していくのが楽しい。その結果、知らず知らずのうちに私はいろんな力を伸ばすことができた。

しかし、今のアスリートたちは先述した柔道のように、まずは自分に有利な型を取ろうとする。そのようなやり方を続けていては、その程度のレベルで終わってしまうことになるだろう。


1984年のロサンゼルスオリンピック、男子柔道無差別級で金メダルを獲得した山下泰裕氏は、2回戦で右足の肉離れという大ケガを負ったものの、強靭な精神力でその苦境を乗り切り、栄えあるオリンピック金メダリストの称号を手にした。

山下氏が金メダルを獲得できたのは、普段から不利な状況から脱する鍛錬を行っていたからだと思う。右足が使えなくても左足がある。右手が使えなくても左手がある。

そのように、自分の弱みに焦点を合わせるのではなく、それ以外の使える部分を最大限に生かす工夫をしていく。そういった鍛錬を日頃から行っておけば、いざという時にも慌てることなく対処できるのだ。

いかに不利な状況を克服し、相手をねじ伏せていくか。そこに勝負の醍醐味があり、己の実力を伸ばしてくれるヒントが隠されているのである。

常に有利な状況に持ち込もうとする人は
自ら限界を作っている
日頃から不利な状況に対処することで
実力は伸びていく

勝ちに繋がるいい間合いとは？

勝負の場において、相手との「間」というものはとても大切である。適度な距離感、適度なタイミング、そういった諸々の間合いをうまく取れる人が勝利により近づくことができる。

そもそも、人間はひとりでは生きていけない動物なので、必ず誰かと間を取って生きている。私たちはこの世に生を受けた瞬間はまず親と、そしてそこから間合いを取る繋がりがどんどんと広がっていき、きょうだい、友人、先輩・後輩、先生、上司、部下、伴侶、子供、孫……といった具合に常に誰かと間合いを取り、触れ合いながら生きているのだ。

つまり、間合いとは触れ合いであり、周囲の人たちと触れ合うセンスのある人は、勝負の場においてもいい間合いが取れるはずである。

触れ合うセンスを簡単に説明すると、例えば誰かと会話をしている時、両方が同時におしゃべりしていたら会話が成り立たない。合いの手を入れたり、うなずいたり、共感したり、意見を述べたりと、いろんな間合いを図ることで会話はスムースに進んでいく。こういった間合いをどんな人とも取ることのできる人が、触れ合うセンスのある人といえよう。

スポーツの場における「いい間合い」を取っていくようにするには、いつも有利な状態、状況を求めるのではなく、あえて不利な状態、状況からの勝負をしていくといいと思う。

例えば、柔道であれば相手が有利な組み手の状態から乱取りを始めたり、あえて自分の利き手は使わずに技をかけてみたりと、不利な型から入ってその後いかに対処するかを学んでいく。そういった練習を続けていくことで、体が臨機応変に動くようになり、自然と相手との間合いが図れるようになる。そして、それが徐々にいい間合いへと変化していくのだ。

今まで私が見てきたアスリートの中で「この人の間合いはいいな」と一番思えたのは、ボクシング・ヘビー級の伝説のチャンピオンであるモハメド・アリである。

現役時代のアリのボクシングスタイルは「蝶のように舞い蜂のように刺す」の言葉通り、リングで舞う彼の動きは本当に蝶のようだった。相手のパンチを華麗に舞いながらかわし続け、相手が疲れてきたところにカウンターの一刺しで仕留める。いい間合いが取れる人でなければ、あのようなボクシングをすることは不可能である。

陸上競技や競泳といったスピードを競う競技（とくに短い距離での競争）では、「相手との間合いも何もあったものではない。どうやって間合いを取って競えばいいのだ」と思う方もいるかもしれない。しかし、スピードを競う競技にも間合いはある。それはスタート＝初動における間合いである。

初動の間合いとは、号砲やブザー音などのスタートの合図にいかにうまく合わせるかということだ。とくにトップアスリートたちが集うオリンピックや世界選手権などの場では、初動の間合いにかかる勝敗の比重は非常に高い。だからこそ、競技中や練習中だけでなく、普段からいろんなものとうまく間合いを図っていこうとすることが大切なのだ。

ここまでご説明してきたように、間合いとは自分以外の人やものと図っていくものであるから、「俺が、俺が」「私が、私が」と自分のことしか考えていないような人は間合いがうまく図れず、それが焦りや自滅に繋がって結局は自分の型を崩してしまうことになる。

人間関係やこの社会との間合いをうまく図ることが、勝負の場においてのいい間合いにも繋がっていくことを忘れてはいけない。

不利な型から入る練習が「間合い」の感覚を磨く

テニスで打つ時に声を出すのは○か×か

テニスの試合を見ていると、ショットを放つ時に声を出すプレーヤーが多いことに気づく。他にも卓球など声を出すスポーツは多いが、テニスほど一球ごとに声を出す競技はあまりないといっていいだろう。

人間の体は、力むと本来持っている力が発揮されない。「力む」とは、体が硬くなった状態を意味するが、硬い状態を柔らかくする上で「声」はとても有効である。なぜなら、声を出すことによって「息を吐く」ことになり、この行為が脱力へと繋がり体から硬さを取ってくれるからだ。

私が思うにテニスプレーヤーが声を出すのは、呼吸法のひとつなのだろう。プレーの最中に「ハアハア、ゼエゼエ」と呼吸を乱していたら、当然のことながらプレーも乱れてしまう。そんな呼吸の乱れを防ぐために、プレーヤーは声を出す。しかも、プレーのリズム、間といったものに呼吸を合わせる必要もあるから、打つ瞬間に声を出すのだと思う。

きっと一流のテニスプレーヤーたちは、自分が打つ時だけではなく、相手が打つ時にも声を出さずとも息を吐いているはずだ。息を吐いた後、すぐさま息を吸い、呼吸を止めて動き、打つ瞬間にまた息を吐く。このリズムを繰り返すことで、呼吸の乱れを防いでいるのだろう。

そもそも「声を出す」という行為は、空手や剣道といった武道を見ていると分かるが、「気合い」を入れるために行っている部分もある。

声を出すことによって己に気合いを入れつつ、その字の通り「(相手と)気を合わせる」ようにしているのである。

対戦相手と気を合わせるには、何よりも「間」が重要となる。「間を合わせる」ことで相手の動きにも「間に合う」ようになるし、「間が合わない」状態ならそれは「間違い」となってしまう。気合いと同様、間合いも勝負の世界ではとても大切なものなのだ。

ただ競技によっては、気合いを入れてしまうと相手に動きを悟られやすくなってしまうので、気配を消して動く必要がある場合もあるだろう。だから声を出したり、気合いを入れたりするのが一概にいいとはいえないが、間を合わせる、間合いを保つという意味合いでの声や気合いは勝負の場において大いに用いるべきだと思う。

勝負は相手と「間を合わせる」ことがとても大事

「頭の中が真っ白」を脱するには意識を飛ばす

みなさんにとって「ピンチ」とはどのような状況だろうか？

仕事で大きな失敗をしてしまった時？

浮気がばれてしまった時？

ギャンブルで大負けして、生活費がなくなってしまった時？

「ピンチだ」と感じる定規のサイズは人それぞれ。ある人にとってはピンチだが、別の人から見たら「全然ピンチじゃない」ということもある。とはいえ、生死に関わるような窮地はどんな人にとってもピンチと感じることだろう。

だが、私は「死ぬかもしれない」という時でもあまりピンチだと感じたことがない。

滝つぼに落ち、急流によって深い川底まで引きずり込まれた時も、瞬時に光のある方向を確認し、流れに任せてゆっくり、ゆっくりと上昇した。道場生たちと荒れた海で素潜りをしていた時、私は海中で大きな岩が動いたことによって足を挟まれ、まったく身動きが取れなくなってしまった。その時も「道場生ではなく、俺でよかった」と思うと同時に「俺もここで終わるのかな……」と感じながら潮の流れに身を任せていた。すると再び岩が動き、足を抜くことができた。

私がこのような「生死に関わること」でもさほど慌てたりしないのは、きっと幼い頃から「死んでもおかしくない」ような遊びばかりしてきたからだと思う。

幼い頃は「ここから落ちたら死ぬな」という高さの橋の欄干にぶら下がって遊んだり、高さ2〜3メートルはある門柱のてっぺんからもう一方の門柱へと飛び移ったり。あるいは、「今日は泳いじゃダメだよ」と言われているような水かさの増した激しい流れの川で泳いだりして遊んでいた。あの頃は、その遊びが危険であればあるほど楽しかった。今の時代であれば「危ないことをしている子がいます！」とすぐに警察に通報されてしまうようなことばかりである。でも、そうやって自然に「危険なこと」をして遊んでいたため、私は普通の人がピンチと感じたり、恐怖と感じたりすることも「面白いじゃん」と思えるようになったのだろう。

普通の人であれば頭の中が真っ白になってしまうような状況であっても、私がそうならないのは、その現実を瞬時に受け止め、そしてさらにその「ピンチ」という意識を飛ばしてしまっているからだ。

滝つぼに落ちた時も、私は暗い川底で急流にもみくちゃにされながらも、明るさと暗さを計っていた。私は常に自分に起きている状況を客観的に見ている。自分の置かれた状況を、客観的に俯瞰して見るような視点というのは、高いレベルで競い合う一流アスリートの方々にもとても大切なものだと思う。

「ピンチだ」という意識を飛ばす。

これをもっと具体的に解説すると、「痛い」と感じるようなことでも「痛くない」と瞬時に切り替えてしまうことである。幼い頃に注射をするたびに大泣きしていた人であっても、大人になったら泣くことはないだろう。これは、何度も注射というピンチを経験することによって「意識を飛ばす」ことができるようになったからだ。痛みを感じても、それをピンチや恐怖に拡大してしまっていないから泣かずに済んでいるのである。

常に、意識を飛ばすことができるようになると、頭の中が真っ白になることもないし、緊張することもなくなる。意識を飛ばす感覚を持つことによって、他の新しい分野、領域に踏み込んでいくことができる。

ただ、多くの人は意識を飛ばそうと思うと、逆に意識してしまうから緊張したり力んだりしてしまう。これを無意識的な感覚でやるのは非常に難しい。この感覚を獲得するためには、私のように幼い頃からいろんなピンチを体験する必要があるのかもしれない。

大人になってから、危険な遊びをすることはなかなかできないかもしれないが、ピンチを体験することはできる。それは「トラブルに自ら関わっていく」のが一番手っ取り早い方法である。トラブルから距離を置くのではなく、自ら積極的に周囲のトラブルに関わり、その解決に向けて動く。そういったことを続けていけば、頭の中が真っ白になることは減っていくはずだ。

トラブルに
自ら積極的に関わっていき
その解決に向けて動くことで
ピンチに強い人間になる

火事場のバカ力をいかに出すか？

「火事場のバカ力」という言葉にもあるように、人は人命に関わるような窮地に追い込まれると、時として限界を超えた力を発揮することがある。

普段の自分では決して出せないような力が、なぜ絶体絶命の苦境で発揮されるのか。それは、その時の体の機能と動きが理性ではなく、本能によって司られているからではないかと思う。

科学の力などによって文明を発展させてきた人類は、本能よりも理性や知性を大切にしてきた。理性や知性こそが社会全体を進化、発展させる重要なものであり、本能は野蛮であまり表に出してはいけないもの。長い時間をかけて人間にはそのような刷り込みがなされているため、自然をあるがままに感じて動くという本来の人間が持っていた本能を、閉ざしてしまっている人が現代社会にはとても多い。

「火事場のバカ力」なるものを意識的に出せるようになれば、その人は体力勝負のスポーツ競技において、素晴らしい成績を収めることができるだろう。だが、「火事場のバカ力」は自分の意思によって出せるものではない。

本能に司られた「火事場のバカ力」には、現代社会で重要視される「損得」も一切関係ない。

「得だからがんばる」

「損だからやらない」

このような利害だけで物事を捉える、結果至上主義的な考え方のアスリートが、いくらがんばったところで「火事場のバカ力」的な人知の限界を超えた力を発揮することは難しいのだ。

本能に近いところにある、人間が元々持っていた力を活用するには、現代人がすっかり閉ざしてしまった「感じる」という感覚を取り戻す必要がある。

私は昔から道場生たちに「感謝・感激・感動」、この3つの「感」が大切なんだと言い続けている。周囲のいろんなことを感じようと感覚を開いて生きていれば、それが「感動」となり、そこから「感激」が生まれ、周囲への「感謝」に繋がっていく。

だから「強くなりたい」と思っているのなら、損得ばかりを追いかけず、まずは「感じる」という感覚を広げることに努めるべきだろう。そうすれば「火事場のバカ力」は出せずとも、人としての強さを少しずつ身につけていけるはずである。

損得の計算をやめて人間が本来持っている「感じる力」を広げる

本当に強い人は自分が強いとは思わない

オリンピックで3連覇以上している日本人は3人おり、3連覇は柔道男子60キロ級の野村忠宏選手とレスリング女子55キロ級の吉田沙保里選手のふたり。さらに日本人としてただひとり、レスリング女子63キロ級と58キロ級で伊調馨選手が4連覇を成し遂げている。

オリンピックで金メダルを獲るだけでも難しいのに、3連覇、4連覇するのはまさに超人的な偉業といえるだろう。だが、私は連覇した選手たちが強かったから勝ったのではなく、まわりが弱かったから勝てたという場合が多いと思う。もし「私は強かったから連覇したんだ！」と声高に叫んでいる金メダリストがいたとしたら、それは大分勘違いしている人である。

私も麻雀の代打ちとして20年間無敗だったが、それも私が強かったから勝ち続けられたわけではない。相手が弱かったから、相手が勝手に自滅していったから私は20年間無敗でいられただけだ。


1992年のバルセロナオリンピックで、岩崎恭子選手は競泳女子200m平泳ぎで競泳史上最年少（14歳）で金メダルを獲得した。レース後、彼女は「今まで生きてきた中で、一番幸せです」とコメントして一躍時の人となった。しかし、彼女もレース前はまさか自分が優勝できるとは思っていなかっただろう。

岩崎選手はあの日、調子が相当よかった。そして逆に優勝候補と目されていた海外の選手たちは力んでしまい、本来自分の持っている力を出し切れなかった。まだ中学生で無欲、失うものは何もない岩崎選手は、本来の力以上のものがあのレースで発揮できた。その差が結果として表れたのだ。

様々な大会で優勝して名前が売れてくると、マスコミに取り上げられることも多くなり、周囲から聞こえてくる声がプレッシャーとなる。それはその選手を批判する声だけではない。応援している声ですら、その選手にとってはプレッシャーとなる。岩崎選手のように名もない時のほうが強いのは、そういった周囲からのプレッシャーのないことが大きく影響している。

将棋の世界では今、若き棋士として藤井聡太さんが注目を集めているが、彼も岩崎選手同様、現段階では無欲の勝利が続いている状態である。だが、それは私の考える本当の〝強さ〟ゆえの結果ではない。

本当の強さとは、名が売れてからいかに勝つかにかかっている。様々な永世称号を有する羽生善治さんは本当の強さを持った稀有な存在だと思うが、彼もきっと「私は強かったから勝てました」とは言わないだろう。

ただ、そうはいっても近年のスポーツ界は、卓球の伊藤美誠選手や平野美宇選手や張本智和選手、水泳の池江璃花子選手、さらにサッカーの久保建英選手など10代の若い世代の躍進が著しいようだ。

彼らを見ていて思うのは、経験の長さというものはプラスばかりではなく、マイナスの要素も秘めているということである。

若い力を長年の経験によって跳ね返し、勝利をたぐり寄せることはもちろん可能だろう。しかし、経験によって間違えた考え方が自分の中に入り込んでしまい、思考のみならず体の動かし方も不自然な形となり、それが自滅へと繋がってしまうことがままあるのだ。

オリンピックは競技によって参加年齢が異なるが、そのうち小学生の金メダリストが出てくることだってあるかもしれない。それほどまでに〝無欲〟というものはある意味、強いのである。

勝ち続けられるのは
まわりが弱く
勝手に自滅していくから

勝った後の喜びすぎはかっこよくない

卓球で活躍したかつての福原愛選手は得点した際に「サー」と叫び、現在卓球男子で活躍中の張本智和選手は「チョレイ」という雄叫びでおなじみである。

張本選手の「チョレイ」に関しては、巷での評判も二分され、あの雄叫びは受け付けないという人も多いようだ。

「サー」にしろ「チョレイ」にしろ、ああいった声が出るのは本人がそれで調子を上げていく、気合いを入れていくという意味合いがあるのだろう。確かにああいった声は好き嫌いがあるので受け付けない人もいるようだが、私はそれは戦っている人の自由なので、それが相手を威嚇するようなものでない限りまったく問題はないと思う。

それよりも、スポーツ選手のプレー中の姿で私が気になるのは、プロ野球でよく見かけるガムである。

ガムをクチャクチャと噛んでいる姿は、私には何とも行儀が悪く映る。アメリカのメジャーリーグに至ってはツバは吐き放題、ヒマワリの種の殻をそこらじゅうに飛ばし放題である。

大相撲の力士が取り組み中にガムを噛むことなどあり得ないし、その他のスポーツを見てもプレーしている真っ最中に何かを食べている競技などほとんどない（長い試合の合間の栄養補給や水分補給などはあるが）。文化の違い、歴史の違いといってしまえばそれまでなのかもしれないが、メジャーリーガーがペッペッとやっている姿をテレビで見るたび、お前らはグラウンドに何をしに来ているのだと言いたくなる。

行儀がよくないといえば、勝った時のガッツポーズや喜びすぎも少し抑えたほうが私はいいと思う。

10連敗していた人が（あるいはチームが）久しぶりに勝ったとか、トーナメント戦やリーグ戦で最後に優勝したというのなら喜ぶのも分かる。だが、勝ち負けを五分五分で繰り返しているような人が、勝った時に喜びすぎているのを見ると「それはどうなの？」と思ってしまう。

私は自分が勝って喜んだり、うれしいと感じたりしたことはあまりない。それよりも、周囲の人たちに喜びを与えられた時のほうが個人的にはとてもうれしい。

相手がいてくれるおかげで、試合ができるのだ。どんなスポーツでもいいが、自分や自チームが勝って喜ぶのならば、相手チームがいいプレーをした時にも同じように喜び、認めてあげることが大切だと思う。それこそがオリンピック憲章にもある、本当のフェアプレー精神というものではないだろうか。

相手がいいプレーをした時にも同じように喜び認めてあげることが大切

「勝つ」ことに囚われるとバランスを崩す

近代オリンピック（夏季オリンピック）の第1回は1896年、ギリシャのアテネで開催された。

かつては「参加することに意義がある」と言われていたオリンピックだが、1984年のロサンゼルス大会以降商業化が加速的に進み、今ではスポーツの祭典というよりも経済的利益重視の一大ショービジネスと化してしまった。

勝負の世界に経済的観念である損得が入ってくると、当然のことながら勝利至上主義となり「勝つためなら何をしてもいい」という考え方となる。

スポーツマンシップとは正反対の、「何をしてでも勝てばいい」という欲に則った考え方は、思考を偏らせて人の動きすらも偏らせる。心身が偏ればバランスも崩れ、心も体も揺れやすくなってしまう。そのような心身の状態で勝負に勝ったとしても私はちっともうれしくないし、何より気持ちよくない。だが、欲に囚われた人たちはそんなことはお構いなしに、勝つことだけに躍起になっている。そのような状態の人たちが戦っている姿を映し出しているのが、今のスポーツ界なのだ。

そもそも人類史上、「数字」というものが出現していなければ、人間はもっと人間らしく生きていられたのではないかと思う。

数字、数学が文明を発展させ、人類に多大な恩恵をもたらしてきたのかもしれないが、その裏で数学は恐ろしいものもたくさん生み出してきた。人間は数字とともに間違った方向へと暴走を続けている。

単に勝ち負けを楽しむだけではなく、そこに「数」という欲が紛れ込んだために、スポーツ界も経済界も政界も何ら変わらぬ汚い争いを繰り広げている。

数も欲も損得もないところで純粋に勝負を楽しむ。そういった競技なら私も純粋に楽しめるのだが、すっかりショービジネス化してしまったオリンピックにはそんなことを望むべくもない。

数も欲も損得もないところで
純粋に勝負を楽しむ
「勝つためなら何をしてもいい」
という勝利至上主義は
心身を偏らせてしまう

「かっこよく負けよう」と思って勝負する

以前、雀鬼会の道場生に対して「かっこよく勝とうと思わないで、かっこよく負けようと思ってやってみろ」と助言したところ、途端に勝ちが続いたことがあった。

プライドの高い人、自分にうぬぼれている人、自分を過信しすぎている人というのは、内容よりもいい結果ばかりを気にする傾向が強い。私が助言した道場生もそのようなタイプだったのだが、私の助言によって気が楽になったのか、麻雀自体の内容もよくなり結果として勝利を手にするようになった。

かっこよく勝とうとする人は、先述したようにいい結果ばかりを求めているので、その考え方が強くなりすぎると、ずるいことや卑怯なことも「勝つためなら」と平気でできるようになってしまう。しかし、このような勝ち方は長くは続かないし、このような勝ちを重ねたとしてもその人の心が満たされることは決してないのである。

では、私たちはどうやってかっこよく負けていけばいいのか？

私が考えるかっこいい負け方とは、「相手には負けたかもしれないが、そのプロセスにおいて自分に負けずに勝負ができた」状態を意味する。

私がよくいう言葉に「負けの99％は自滅」というものがある。世の中であまた繰り広げられている勝負の「負け」は、その99％が自滅が原因である。みんな自分に負けて、結果として勝負にも負けていく。私が現役で代打ちをやっていた頃は、「どうしてみんな自分から負けていくんだろう？」といつも思っていた。欲、プライド、過信、そういったものに取りつかれた対戦相手たちはみな、私が何かをするまでもなく勝手に自滅してつぶれていった。

負けの99％は自滅なのだが、その他のわずか1％くらいは「勝負には敗れたが、自分に負けず、最善を貫いて戦い抜くことができた」という勝負がある。自滅せずに最後までやり通したが、結果として負けた。そういう戦い方を私は好むし、成し遂げた人は見事だと思う。

自分を成長させたいと思うのなら、かっこいい勝ちは求めず、かっこよく負けることを求めたほうがいい。

かっこいい負け方は、必ず次に生かされる。自滅せずに最後まで戦い抜くことができた人は、敗北したとしても心身ともにタフになり、次に繋がる何かを身につけることができるのだ。

かっこよく勝とうとする人は成長しない
かっこいい負け方は必ず次に生かされる

長丁場を戦い抜くには「始まり」の感覚を繰り返す

みなさんご存じのように、マラソンは42・195キロもの長距離を走り抜く過酷なレースである。

2020年に行われる予定だった東京オリンピックのマラソンは、当初コースは都内に設定されていたが、時間帯を早朝にしたからとはいえ、真夏の東京でレースを行うのは選手たちにとって危険すぎるということで札幌に変更された。

これは、2019年9月に中東のドーハで行われた世界陸上のマラソンで途中棄権する選手が続出したため、IOC（国際オリンピック委員会）が「東京も危ない」と危機感を強めて下した処置のようである。ただでさえ過酷なレースに異常な暑さが加われば、倒れる選手が出てきて当たり前だ。

そもそもマラソンに限らず、真夏の東京でオリンピック競技を行うこと自体に無理がある。日本には格好の「体育の日」というのがあるのだから、気候が穏やかになった秋口に開催すればいいだけの話なのだが、アメリカ主導ですっかり商業化してしまったオリンピックに対してそんなことを今さらここで述べても、残念ながら何も変わることはないだろう。

マラソンは選手自身の心身のタフさはもちろんだが、レース展開を読み合う駆け引きも走りながら行わなければならない。約2時間、頭も体もフルに使いながら、しかも一刻も休む時がない。

私も代打ちをしていた時代、命が懸かるような大きな勝負の場では、二日間ぶっ続けで麻雀を打つこともあった。懸けられる金額や利権などが大きくなればなるほど、そこに現れる相手の代打ちのレベルも上がっていく。神経を極限まで張り詰めた戦いが長く続いても、音を上げるものなどひとりもいない。裏街道を行く猛者同志の戦いは、二日間続くことも決して珍しくはなかった。

　そんな長丁場の戦いを続けている時、私は1回1回が常に始まりという感覚で戦っていた。10回やってもそれが1回目。100回やってもそれが1回目。常にそこが始まりという感覚でやっていれば、気持ちの切り替えができて、毎回新鮮な精神状態で戦うことができるのだ。


　1960〜70年代にかけて活躍し、オリンピックにも3大会連続で出場してメキシコでは銀メダルを獲得した男子マラソンの君原健二選手は、長いマラソンを走り抜くコツとして、電柱一本一本がゴールだと思って走っていたという。電柱一本をクリアしたらまた次の電柱へ、そしてまた次の電柱へ。そうやって気持ちの切り替えをしていたのだそうだ。

　私の「常にこれが始まり」という感覚と、君原選手の「次の電柱まで」という考え方はどこか似ている。長丁場であってもリセットし、「始まり」の感覚を繰り返し持つ。そうすることで精神的な余裕が生まれ、なおかつ心身をリフレッシュすることができる。みなさんも何か長丁場の物事に取り組まなければならなくなった時は、そのような感覚を入れてみてほしい。

リセットする気持ちを途中途中に入れることで毎回新鮮な精神状態で戦うことができる

序盤、中盤、終盤、それぞれの戦い方

勝負の世界では、「先行逃げ切り、先手を取ったほうが勝つ」などと言われたりすることもある。先手を取ったり、先取点を取ったりすれば勝負を有利に進められるということなのだろうが、競馬などを見ても分かるように必ずしも先行逃げ切り型が勝つとは限らない。野球やサッカーを見ても、先取点を取ったほうが勝つとは限らず、逆に大差で勝っているほうが終盤に大逆転を食らうことだって往々にしてある。

勝負の流れを序盤、中盤、終盤と分けて考えるとすると、序盤は相手の様子をよく観察しながら、戦い方の調整をしていく段階である。

コップに水を入れようとする時、いきなり蛇口を全開にしたら勢いよく水が飛び出し、コップからは水があふれるだけとなる。コップに水をためるには、蛇口を調整し、ちょうどいい流れでコップに水を入れなければならない。序盤はこのように、水量を調節していくような感覚で勝負を捉え、対処することが求められる。

中盤の戦い方は、終盤に向けての準備をしていくというスタンスで臨むといいだろう。自分の体力をすべて使い切ることなく、相手の状況、状態を見定めて戦いながら終盤に向けてのプランを練っていく。

そういった戦い方を続けながら、終盤を迎えたら相手の状態を見極めて勝負をかけていくのだ。理想的な勝負の進め方としては、このような形である。

だが、実際の勝負はなかなか理想通りには運ばない。その時々で目の前の変化に臨機応変に対応していく必要がある。そのためにも、自分が序盤、中盤、終盤のどこに強いのか、自分の長所、個性は何なのかを知っておくというのも非常に重要だ。

もちろん、一番の理想は序盤も中盤も終盤もなく、自由自在にその場、その場に対処できるようにすることであり、私は麻雀でもその戦い方をずっと貫いてきた。

自由自在に動けるようにするには、フィジカルだけではなく、メンタル面も〝フリー〟の状態にしておかなければならない。フリーというと分かりづらいかもしれないが、この場合のフリーとは自然な状態のことを意味する。つまり、常に自分を自然体にしておく。そのためには本書でも繰り返し述べているが、自然界の生き物たちの動きなどから「本当の動き方、本来の動き方」を学ぶ必要があるのだ。

一番の理想は
序盤も中盤も終盤も区別なく
自由自在に動けること

悪い流れになった時どうするか

スポーツ競技を観戦していると、勝負には流れというものがあることに気づく。そしてその流れを的確につかみ、しっかりと対処できたほうが勝利をたぐり寄せる。

この世にはスポーツの世界だけではなく、社会にも流れがある。〝流行〟と呼ばれるものなどはその流れの最たるものである。

今の社会はデジタル化された情報がインターネットの世界を激しく行き交い、流行の移り変わりも一昔前とは比べ物にならないほどにめまぐるしい。そんな激しく移ろう流れにちゃんと乗れていればいいのだが、多くの人が流行や情報という濁流に飲み込まれてしまっているように見える。

自分にとってその流れが悪いものならば、変えていく必要がある。しかし、流れを変えようと思うのなら、まず流れの本質を知っておかなければならない。流れの本質、それは自然界の中にある。

風の流れ、雲の流れ、川の流れ、潮の流れ、自然界の中にある流れを挙げたらきりがない。逆にいえば、流れが止まったら自然は自然でなくなる。当然のことながらそこに生きる私たちも、流れの止まった自然界の中で生きていくことはできないだろう。

自然界の流れに関心を持つようにすれば、風の流れや雲の流れを見て天候や季節の変化にも気づけるようになるし、そういった気づきが新たな気づきを呼び、それまで見えなかったいろんな流れが見える（感じられる）ようになるはずだ。

私は我が家の縁側で日向ぼっこをしながら、庭の木々を眺めるのが好きだ。初冬、木々から枯れた葉が風によって一枚、また一枚と落ちていく様子は眺めていてまったく飽きない。同じ枝についている葉でも、風の流れによって落ちる葉もあれば落ちない葉もあったり、いつまでも落ちずにがんばっている葉もあったりと、気づけば2時間も3時間も庭を眺めていることだってある。
そういった自然界のいろんな流れや変化に気づかずにいる人が、勝負の世界でだけ気づきを得ようとしても事はそんなに都合よく運ばない。

野球やサッカー、バレーボールといった球技だけではなく、陸上競技や重量挙げなどの個人競技にだって流れはある。

流れは、本人とその周辺だけに流れているものではない。野球に例えれば、ピッチャーが悪い流れにある時、その流れを悪くしているのは本人ではなく、配球の組み立ての悪いキャッチャーのせいかもしれないし、守備の位置取りを間違っている外野手のせいかもしれない。また、時にはフィールドにいる選手のみならず、スタンドにいる応援団が悪い流れを呼んでしまっている場合もある。
自分にとって優勢な流れ、あるいは劣勢な流れだけでなく、ここで紹介したように流れにはいろんな流れがあり、なおかつその原因も多様である。そんな無限の流れをどれだけつかむか。そのための一歩は、自然界の流れを感じるところから始まるのだ。

刻一刻と変化する
大小様々な流れを読むためには
自然界の流れに
関心を持つようにする

窮地を脱するには、いつもと違うことをしてみる

人間は自分が優位にある時は自然と気持ちが攻撃的になるが、不利な状況やピンチに陥ると途端に気持ちが消極的になって守りに入ってしまう。

あらゆる勝負事において私がもっとも大切だと思うのは、どんな状況にあっても攻撃性を失ってはならないということだ。守りの態勢であっても、心は常に攻めの気持ちで。そういった心構えが大切である。

ピンチの時に「守る」という気持ちが大きくなりすぎると、それは「逃げ」に繋がって消極的な気持ちに拍車がかかり、結果として敗北を自ら招くようなことになる。

かといって過剰に攻撃的になりすぎても、それは無謀に繋がって気持ちだけが空回り

してしまい、なかなかいい結果には結びつかない。

「何とかこの悪い流れから脱したい」

私なら、そんな時はいつもとまったく逆のことを試してみる。いつもはAというやり方をしているのに、あえてまったく逆のBというやり方を試し、そこから流れを脱するきっかけを見出すのである。

逆のことを試す。

これを野球に例えるとすると、いつもバットを短く持って打っているバッターが「最近打撃がよくない。この悪い流れを変えたい」と思っているなら、私は「じゃあ、バットを長く持って打ってごらんよ」と助言するだろう。これが「逆のことを試す」という意味である。

普段とは違うこと、逆のことをすることで、悪い流れが微妙に変わり、そこから自然と抜けられるということが結構あるのだ。

普段とは逆のことをしてみる。これを違う言葉に置き換えるとすると、自分の得意なやり方ばかりではなく、苦手なやり方を試してみると言い換えてもいい。とにかくひとつのやり方に固執しないというのが大きなポイントである。

勝負の中には本流もあれば中流もあり、支流もある。そしてさらに、ここでご説明したように逆流という流れもある。逆境に陥った時、あるいは行き詰まった時などにそのことを思い出してみてほしい。

不利な状況でも攻めの気持ちを忘れないことがもっとも大切

ピンチに動じない心を作るには？

それまで優位に試合を進めていたのに、ある瞬間から突然ピンチに陥ったことによって心が動揺してしまい（あるいは頭の中が真っ白になってしまい）、自分の持っている力の10分の1も発揮できずに負けてしまった。そういった体験を持つ人から「そういった時、心が動じないようにするにはどうしたらいいのですか？」とたまに聞かれることがある。

人は予想していなかった思わぬ不利な展開に出くわすと「あ！」と驚き、思考を停止させてしまう時がある。

要は予想外、想定外のことに直面したため、人の心は動揺してしまうわけだ。であるならば、心を動揺させないようにするには、自分にとって予想外、想定外に思えることを減らしていけばいい。簡単にいえば「これはあり得ない」と思えることを少なくし、「なんでもあり得るんだ」という心構えを普段から持つようにすればいいのだ。

以前、私が自宅の台所で魚を焼いていた時、着ていたパジャマの袖にグリルの火が燃え移り、上半身が燃えそうになったことがあった。その時、女房がそばにいたのだが、私の腕が燃えているのを見て「大変っ！」とパニック状態に陥っていた。一方の私は「あ、燃えちまった」とその状況を客観的に受け止め、慌てずゆっくりとパジャマのボタンをひとつずつ外して脱ぎ、そのまま丸めてシンクで水につけて消火した。

女房は「自分が燃えているのに、なんであんな冷静にパジャマを脱げるの？」と不思議そうに聞いてきた。確かに、自分の腕が燃えているのを見たら「ギャー！」とパニックになり、我を失ってしまう人が多いのだろう。

でも、私は自分の腕が燃えているのを見て、まず最初に「慌てて脱いだら、まわりのカーテンなどに燃え移ってしまう」と思った。だったら一番動きの少ない脱ぎ方で、周囲に火を広げないようにしながらパジャマを脱ぐしかない。そこで私はボタンをひとつずつ外しながら（火は腕から上半身全体へと広がりかけていたが）、速やかにパジャマを脱いで消火し、その後は何事もなかったかのように魚の調理を続けた。当時者は非常に冷静なのに、見ているほうが目を丸くしてビックリしている。これではまるでサーカスである。

どうして私はこの時、パニックに陥らなかったのか？

まずひとつ目の答えは、私は幼い頃から危険な遊びばかりしてきたため、大概のことは「大したことはない」と思えるからである。

そしてふたつ目の答えは、先述したように「なんでもあり得るんだ」といつも思っているからだ。みなさんは台所で調理している時にゴキブリがススッとどこからか飛び出してきたら一瞬身構えたり、「ギャー！」と声を上げたりするだろう。でも私は嫌いな生き物、生理的に受け付けない生き物などいないし、いつ何時でも「なんでもあり得る」と思って生きているからゴキブリが出てきても何とも思わない。その対象がゴキブリだろうがムカデだろうがヘビだろうが関係ない。むしろ「おっ、お前さんどうしてこんなところに」とゴキブリやヘビを捕まえたくなってしまう。

動じない心を作るためには、試合中のピンチの場面を何度も経験していくことと同時に、普段から「なんでもあり得るんだ」という心構えで生きていくことが大切である。ゴキブリが出てきたくらいで驚いているようでは「動じない心」は作れない。

「なんでもあり得る」の心構えでいると
思わぬ不利な展開に出くわしても
心が動じることはない

運は霞のように漂っている

私は麻雀の代打ちとして、裏の社会で生きていた時代があった。そこでは超一流企業の社長や大物政治家といった権力者たちが、表の世界とはまったく別の顔で暗躍していた。

代打ちである私の仕事は、そんな権力者たちに成り代わって麻雀を打つことである。裏の社会の麻雀は、懸けられる金額、あるいは利権が一般常識とは遠くかけ離れた、ある意味常軌を逸したものだった。

「きっと、負けたら殺される」

そんな命懸けの大一番が幾度もあった。

しかし、生来の逆境好きの私である。大一番には、私と同じような負け知らずの猛者たちが次々と現れてくる。だから命が懸かっているにも関わらず、私にはその場が楽しくてしょうがなかった。

元々私は寝るのが苦手なのだが、大一番の前になると不思議とその傾向がさらに強まり、食欲もまったくなくなった。寝ず、食わずの生活を2~3日続けると、私の中で何かが覚醒していくのを感じた。

この覚醒した状態になると、私の体は余分なことはまったく感じず、雀卓を囲む4人の流れだけを感じ取っていた。そしてそのような状態にある時、私は勝負の流れを五感すべてで感じることができた。運すらも、霞のように漂っているのが分かった。

勝負の最中、運は霞のように漂い、あっちに行ったり、こっちに行ったりしていた。相手の上に運がある時は「あいつ、そろそろ和了るな」とすぐに分かった。だが、対局を続けていくと、最後には運の霞は必ず私のところにやってきた。

「まだまだ、勝負をかける時ではないな」

そう判断した時は、私のところに来た運を相手に差し出すようなことも度々あった。

麻雀は、その人の実力以上に運や偶然というものに大きく左右されるゲームである。だから私は感覚を研ぎ澄まし、勝負の流れの中で運を感じる必要があった。今、私が雀荘の親父としてこうして生きていられるのも、そういった感覚が誰よりも鋭かったおかげなのだろう。

意識が覚醒すれば勝敗を決する運の流れすらも見える

不安にいかに対処すればいいのか

代打ちをしていた時代、前項で述べたように「この勝負に負けたら消されるな」と思う大一番が幾度かあった。しかし、そういった外的要因から来る命懸けの勝負に加え、私は自分自身で「麻雀で負けたら死のう」とも思っていた。

少年時代、私にとって「ケンカで負ける」ということは、男としてあってはならないことだった。そういった「男として譲れないもの」の流れとして、大人になってから始めた麻雀の勝負も私にとって譲れないものとなった。だから「負けたら死のう」と本気で思っていた。

その勝負に生死が懸かっているわけだから、そこに怖れや不安は必ずつきまとう。

代打ち時代は何度も「次こそは負けるのではないか?」という不安に駆られた。

でも、そういったネガティブな思いは長く私の心に居つくことはなく、不思議と「俺なら大丈夫だ」という前向きな気持ちが自分の中に湧き上がってきた。きっと私は、幼い頃から知らず知らずのうちに「次は大丈夫だ」というような気持ちの切り替えを繰り返してきていたのだろう。そのおかげで、大人になってからも気持ちの切り替えが素早くできるようになったのだ。

生きていれば、誰でも不安という感情を持つ。しかしその不安に囚われることなく、揺れない心を持つようにするには、私のように気持ちを切り替えればいい。もし今、何かに悩み、不安を感じているのなら、まったく別のことに気持ちを置き換えてしまうのだ。

不安な感情は、そこにしがみついているとどんどん大きくなっていく。だからその不安とはまったく別のものに気持ちを置き換え、改めてその不安を見つめ直すと「なんだ、思ったほど大変なことではなかったな」と気づくはずである。

甲子園で行われる高校野球を見ていると、伝令役の選手がマウンドに行き、ピッチャーに声をかけるシーンをよく目にする。聞くところによるとああいった時、伝令役の選手は「今日の夕飯はなんだろうね？」とか「試合終わったら、どこどこへ遊びに行こうぜ」などと、野球とはまったく別の話題をピッチャーに振ることが結構あるのだという。

確かに、まったく別の話題にすればそこで気持ちが一瞬にして切り替わり、それまでピンチだと感じていた不安や怖れを薄くする効果はあるだろう。

不安や恐怖に囚われそうになったら、まったく別のものに気持ちを置き換えてみる。それがとても有効な不安への対処法なのだ。

不安や恐怖に囚われたら まったく別のことに気持ちを置き換える

ちょっとした準備が勝負の機微に影響する

スポーツ競技の勝利者インタビューなどで「運がよかっただけです」「今日はツイてました」などと、自分の実力以外のものが味方をしてくれたおかげで勝てたというコメントをよく見聞きする。

運がその人のもとに訪れて勝利をもたらしてくれるのは、その結果に至るまでの道程で行ってきたいろんなことが影響している。そしてそれは、ほんの1時間前にあったことが影響を及ぼしていることもあるし、3日前にやったことが運を招くことに繋がり、勝利をもたらしてくれることもある。

試合中、その場その場で起きる事象に臨機応変に対応していくことは、運を招く上での最低条件である。もちろん、普段から本番に備えて準備していくことが重要なのは言うまでもない。だが、普段から抜かりなく準備をしていたからといって、本番で必ず自分のもとに運が来てくれるかといえばそうとも言い切れない。そこが運の難しいところでもある。

また、普段から善行を積んでいるからといって、運が寄ってきてくれるかといえばそんなこともない。「悪運」という言葉もあるように、悪人がツキに恵まれることも往々にしてある。運とはかように気まぐれなものでもあるのだ。

ただひとつだけ、運に関してははっきりといえることがある。それは、普段から準備が抜かりがちな人、あるいは何事にも間に合っていない人に、運は決して近寄ってきてはくれないということだ。

最近、この私も齢を重ね、思考や行動などいろいろと「後れを取っているな」と感じることも多くなってきた。雀鬼会では毎月一回、「月例会」という大会を行っており、私もそこで麻雀を打つ。しかし、「後れを取っているな」と感じることが多かった月は、試合をしてもマイナスポイントで終わってしまったりする。

これは私が運を自ら遠ざけてしまった一例だが、そうならないようにするために私が昔から道場生たちに言い続けていることがある。それは「準備、実行、後始末」という言葉である。

何事もしっかりと準備するから実行があり、実行の後は「やったらおしまい」のやりっ放しではなく、ちゃんと後始末をする。その後始末が次の準備へと繋がり、この「準備、実行、後始末」のサイクルをうまく回していくことで、運を招く可能性を高めていくことができるのだ。みなさんの「準備、実行、後始末」のサイクルはうまく回転しているだろうか？　改めて自分の生活を見直してみるといいだろう。

普段から間に合っていない人に
運は決して近寄ってこない

フェアプレーが試合を面白くする

日本で開催されたラグビーワールドカップ２０１９では、日本代表チームの快進撃に国中が沸き立った。

日本代表の予選2試合目となるアイルランド戦をテレビで観戦したが、前半はアイルランドが世界2位の実力を見せ、試合を優位に進めていた。

途中、ここぞという場面での出番を待っていた主将のリーチ・マイケルが登場すると、スタジアム全体の空気が変わるのが分かる。リーチはグラウンドで起きている状況、状態をすべて感じながら、鋭い判断力で自ら動きつつポイント、ポイントで他の選手たちにアドバイスを入れている。国内の他のプロスポーツでこれほどまでの存在感を示し、頼りになる主将がいるだろうか？　グラウンドに君臨するリーチの姿は、私には主将というより世界を救う勇者のように見えた。

リーチの登場によって、日本代表はチームワークのよさが結束力として表れた。そしてそのまま流れを引き寄せ、19－12で見事に逆転勝ち。スタジアムの雰囲気は日本代表がまるで決勝戦で勝ったかのようだった。

サッカーでは、勝ちを意識すると終盤にボール回しの時間稼ぎを行ったりするが、ラグビー日本代表にそのような姿勢はまったく感じられず、むしろ終盤に向けてより攻撃的になっていったように見えた。私がいつも道場生たちに言っている「結果よりも過程」を、日本代表がグラウンドで私たちに体で示してくれた。久しぶりにトップクラスのスポーツで、ナイスプレーよりフェアプレーを感じさせてもらった。

一方、日本に逆転されたアイルランドの選手たちが一発逆転を狙わず、10センチでもいいから真っ直ぐに進もうとするスタイルも実にかっこよかった。勝者の裏に、かっこいい敗者の姿をしかと見た。

勝っておごらず、敵をリスペクトするという姿勢も私の好むところ。ラグビーこそ、真の男のスポーツである。

ヘッドコーチも、観客席にTシャツ姿で座っているだけで指示もアクションも一切なし。グラウンドは選手に任せるという、ラグビーならではの信頼感も実にいい。

世界のサッカーを時たま見ると、高給取りの監督がグラウンドの脇で高級スーツを着て、感情丸出しで叫んでいたりする。野球もデッドボールをお互いにぶつけ合い、乱闘騒ぎが日常茶飯事である。汚い大人の姿を子供たちに見せて何が楽しいのだろうか？　トップアスリートたるもの、いつ何時でも子供たちのお手本とならなければいけないのに。

東京オリンピックでは、7人制ラグビーが実施されるという。少ない人数で、15人制とはまた一味違った面白さを見せてくれるに違いない。また、2021年には日本のラグビーの「トップリーグ」がプロリーグになる構想もあるという。国内におけるラグビーの存在が、サッカーや野球を押しのける日が来たとしても、私は驚かない。

勝っておごらず
敵をリスペクトする
ラグビーこそ
真の男のスポーツである

第4章

超一流の心の整え方

イチローや内村航平には「全体を捉える感覚」がある

イチロー選手の現役時代の動きを見ていると、体にしなやかさ、柔軟性があることに気づく。

また、私が彼の動きを見ていて「いいな」と思うのは、そういったしなやかさだけではなく、動いていない時でも次の動きを常に意識してプレーしているところである。「動いていない時でも次の動きを意識してプレーしている」とは、打球が飛んできてから走り出すのではなく、その前から彼は動くための準備をしているということであり、バットを振る前から彼は打つ瞬間をイメージして準備をしているということを意味している。私たちが日々打っている麻雀に例えれば、配牌が来てから動くのではなく、その前から配牌をイメージして準備をしているということだ。

だから、イチロー選手はベンチにいる時から外野を守っている感覚でいただろうし、打席で打つイメージも持っていたと思う。実際にＷＢＣ（ワールドベースボールクラシック）で彼のプレーを直に見たことがあるが、彼は守備についている時もランナーを見たり、外野のフェンスやラインとの位置関係を測ったりと、体は動いていなくても常に〝準備〟という思考が動いていた。

ベンチからライトの守備につく際も、イチロー選手は全力疾走に近いスピードで走っていた。他の選手は歩いている人もいれば、走っていてもせいぜいジョギング程度の速さである。ではなぜ、イチロー選手は全力疾走に近いスピードで守備位置まで走っていたのか。それは、常に彼が「走る」ことをイメージしていたからである。必要な時だけ走るのではなく、何もしていない時でも走る準備をしておく。それが彼のあいった動きに表れていたのだと思う。

前章で述べたように、雀鬼会では「準備、実行、後始末」を大切にしている。目の前のことに全力で取り組むのはもちろんだが、「実行」ばかりを意識するのではなく、準備をし、実行した後には後始末をし、さらに準備をして次に備える。それはスポーツも仕事も一緒だし、普段の生活そのものに「準備、実行、後始末」を取り入れていくことが重要なのだ。

「すべては円のように繋がっている」

この感覚を持つと、スポーツも日々の仕事も円滑に回っていくようになる。

体操の内村航平選手はオリンピックで個人総合2連覇の偉業を成し遂げたが、彼は6種目（ゆか・つり輪・あん馬・跳馬・平行棒・鉄棒）を、一つひとつ分断して考えていたわけではないと思う。ひとつの種目が始まった時、彼はきっと最後の着地をすでにイメージしていただろうし、次の種目、さらにその次の種目も全部繋げてイメージして動いていたはずだ。内村選手は、普通の人にはないそういった「全体を捉える感覚」を持っていたからこそ、前人未到の快挙を達成できたのだろう。

リオデジャネイロオリンピックの時の内村選手は、最初のゆかは動きが硬く、調子があまりよくないように見えた。でも内村選手は、トップアスリートだけが有する強い精神力を持っている。苦手とするあん馬を無難にこなし、その後のつり輪でもできる限り体力を温存する動きをしていた。

続く跳馬、平行棒でも彼がバテているようには見えない。だがこの時、内村選手は5種目を終えて1位のオレグ・ベルニャエフ（ウクライナ）に0・901点もの大差をつけられていた。

最高の演技をしなければ逆転できないという緊張を彼は微塵も感じさせず、余裕を持って演技を続けていた。そして最後の鉄棒で15・800という高得点を記録し、大逆転の金メダルを獲得したのだ。

これは先ほども述べた、目の前の種目のことだけを考えているのではなく、演技する6種目すべてを繋げて考えているからこそ可能となったのだ。どんな業界、分野であってもその世界で一流でいるためには、全体を俯瞰して捉える「全体眼」がなければならないが、内村選手は間違いなくそれを持っている。

だが、体操界の星として輝いてきた内村選手ももう31歳である。超人的な強さを誇ってきた肉体にも衰えが見え始め、肩や腰、さらには古傷の両足首のみならず、体のあちこちが悲鳴を上げている。

2019年春の全日本選手権で、内村選手はまさかの予選落ちとなったそうだ。最近の彼の練習中の映像を今回見てみたが、動きがまったくの別人。肩のケガの負担が、肘にもきているように見えた。逆立ち腕立て伏せでトレーニングをしている様子も映ったが、地に着いている両手の幅が広すぎる。両手の幅は肩と同じくらいにして腕立て伏せをしたほうが、肩のためにはいい。

長年の酷使によって傷だらけとなった内村選手の体が、延期になったとはいえ東京オリンピックまでに全快することは難しいかもしれない。しかし、彼は肉体のハンデを克服できる強い精神力を持っている。その精神力がどこまで通じるか、大いに注目したい。

棋士として、勝負の世界で30年以上に渡って活躍を続ける羽生善治さんも、体を動かしはしないものの物事の捉え方はイチロー選手や内村選手と同じである。

羽生さんは将棋を指している時だけではなく、それ以外のプライベートも含めたすべての時間で実行のための準備をし、後始末をしている。誰からも見られていないような時でも、羽生さんは微妙な変化に常に対応している。羽生さんが生きている超一流同士の戦いの場では、ほんのわずかな差が勝敗となって表れる。命を削るような勝負を続けながら、それでも羽生さんが第一線で活躍し続けることができているのは、そういった微妙な差を感じ取る繊細さを彼が持ち合わせているからだと私は思う。勝負の世界で生きる超一流と呼ばれる人たちは、勝負と日常を隔てず、ひとつの全体として捉えて生きているのである。

その世界で一流でいるためには全体を俯瞰して捉える「全体眼」がなければいけない

停滞期は目標が近くまで来ているサイン

スポーツ選手は自らのレベルアップを目指し、練習に励む。だが、ある一定のレベルに達すると、そこで上達のスピードが鈍ることがある。これがいわゆる停滞期というものだが、停滞期はスポーツに限らず、あらゆる仕事や技術の習得などに共通して起こる事象である。

なぜ、人はレベルアップしている最中に必ず停滞期を迎えてしまうのか?

これは、山登りに例えると分かりやすい。

どんな山であれ、登山道に入ったばかりの最初の頃は登るのも楽だし、距離も稼げる。だが、標高が上がっていくに従い登山道は険しさを増し、登るペースも次第に遅くなっていく。エベレストのような難所ともなれば、そのペースはさらに遅くなる。つまり、目指す頂が高ければ高いほど、停滞期も当然長くなるということなのだ。

しかし、人は停滞期に入るとどうしても「早くこの状態から抜け出したい」と思ってしまう。その気持ちは私もよく分かるが、先述したように目指すレベルが高ければ高いほど停滞期は長くなる。だから停滞期に入っていると思ったら、それは「自分もいよいよ目指すレベルに近づいてきた」と考え方を切り替え、そこからは一歩一歩、じっくりレベルアップを図っていけばいいと思う。ペースは落ちたとしても、歩みさえ止めなければ頂は確実にその人に近づいている。焦らずに一歩一歩、歩を進める。そういった考え方を持つことが大切だ。

また、目指す目標というものは高ければ高いほどいいと思いがちだが、着実にステップアップしていくためにはその人に合った目標の立て方が必要だし、他人から与えられたような目標は長続きしないから持たないほうがいい。

例えば会社であれば、上司から「売り上げ〇〇〇万！」と目標を掲げられれば、それが自分の実力ではとても到達できないような高い数値であったとしても、否が応でもそこを目指さざるを得なくなる。

だが、そのような自分の実力を省みない無茶な目標や、他人から与えられた目標だと「達成できる」という現実味に乏しく、途中であきらめたり、やる気がなくなったりしてしまいがちである。

私は目標というものを持ったことがないが、もし目標を持つとするならば、社会的価値を求めるような目標ではなく、「自分は人としてどうありたいか」という目的意識を持つようにすればいいと思う。実現可能な目的、目標をひとつずつクリアしていくことで、目指すべき頂は見えてくるのだ。

レベルが上がれば上がるほどステップアップのペースは落ちていく

疲れは〝取る〟のではなく、〝受ける〟

現代科学と医学に則った最新の疲労回復法は、動いた後にアイシングなどで速やかにクールダウンを行うことだという。また、その他にもストレッチやマッサージで血の巡りをよくするのも疲労回復には効果があるそうだ。

このような現代の理に適った疲労回復法は、多くのトップアスリートが取り入れていることからも分かるように、疲労を取る上で確かに有効な方法なのだろう。だが、私はこういった現代的な疲労回復法に加え、意識的な部分での疲労の捉え方を変えていくともっといいと思う。

疲労の捉え方を変えるとはこういうことだ。

現代社会に生きる多くの人は「疲れを取る」と考えがちである。疲労を「取る＝取り除く」と考えるから、少しでも疲れが残っていると「疲れが取れていない」と認識し、心身ともに本調子ではなくなってしまう。

しかし、本当に激しい運動をした後、一日、二日で体から完全に疲労が取り除かれることなどあり得ない。それなのに「疲れは取れるもの」と思っているから、いつまで経っても本調子とは程遠い状態になってしまうのである。

では、ちょっとくらい疲れが残っていても、心身ともに戦える状態であると認識できるようにするにはどうしたらいいのか？

そのためには、「疲れを取る」という概念を根本から見つめ直すことが必要だ。つまり、疲れは「取る」ものではないと考える。私なら、疲れは「取る」ものではなく、「受ける」ものだと捉えるようにする。そうすれば疲れ方も、疲労の回復具合も変わってくるはずである。

トップアスリートとして、勝負の場に長く身を置こうと考えているのであれば、

「疲労回復」に重点を置くのではなく、「心身ともにタフになる」ことを優先して考えたほうがいい。

疲れを受け止め、それを乗り越え、また新たな疲れに取り組んでいく。その繰り返しによって、人は肉体的にも精神的にもタフになっていくのだ。

私もこの歳になって、やっと人並みに疲れというものが分かるようになってきた。それでも、道場生たちと麻雀をした後には朝まで相撲を取ったり、体捌きを教えたりしている。

疲れた状態でもなお、疲れることをやってしまうのは、それが楽しいからだ。みんなが楽しんでいるから自分も楽しい。道場がつまらない場だったら、私だけではなく道場生たちもわざわざ疲れることを続けたりはしないだろう。

スポーツの世界にこの感覚を置き換えれば、普段練習している時の精神状態が「楽しい」という感覚になっていれば、きっと疲れを受け止めていけるはずである。タフになっていくためには「辛い」「苦しい」といったネガティブな感覚より、「楽しい」

というポジティブな感覚を持つことが大切なのだ。

疲労回復に努めるより心身ともに「タフになる」ことに重点を置く

“固”定観念ではなく、“多”定観念を持とう

真夜中、道場生たちと相撲を取っていると分かるのだが、ほとんどの道場生は体が硬い。心の硬さと体の硬さはある程度繋がっているから、彼らの心の硬さが体の硬さとなって表れているのだろう。

今の世の中には、人々の心を硬くするものがあふれている。そしてそれらがいずれも世間では「よいもの」とされているから、みんなが率先してそれらを勉強したり、手に入れたりしてより一層、心を硬くしている。

世の常識や当たり前とされていること、さらには○○主義といった心を硬くするものによって、私たちの中に固定観念といったものが出来上がる。

また、「信念」「一途」「努力」といった、常識的にはいいとされる言葉、考え方も人の心を硬くする最たる存在である。今の世の中の人たちはみな、大人たちから「主義・主張を持つんだよ」「信念を持っていない人はダメ」「一途にがんばりなさい」「毎日努力しなさい」などと教えられて育ってきた。要は今の社会は心・思考の硬い人を次々と生み出してきたのである。

固定観念に囚われた人は、目の前のことしか見えなくなってしまう。かつて、自然界と一体となって暮らしていた人類は、目で見える前方180度と、目には見えない後方に関しては、聴覚をはじめとする五感をフル活用し、周囲360度を体全体で感じて生きていた。しかし、安心、安全第一の今の世の中では、かつて人類が対峙していた身の危険を感じることもなく、現代人は感覚的な周辺視野をどんどん狭め、固定観念によって目の前のことだけを追うようになってしまった。

心も体も硬くし、目の前のことしか見ていない。このような状況にある人が、いろんなことに気づかなければいけない競技やゲームで勝つことができるだろうか?

私はスポーツも、麻雀も、そして人生も、最善の道を模索していくためには、何よりも柔軟性と臨機応変さが大切だと思っている。だから世間にあふれる「心を硬くするもの」からは距離を置き、世の中で当たり前とされることや常識に常に疑問を感じながら生きてきた。

とはいえ、この社会で生きている限り、人は固定観念とは無縁ではいられない。それはこの私も同じである。

であるならば、私たちはどうやって生きていけばいいのか？

固定観念が1個であるがゆえに心も思考も硬くなるのなら、固定観念をたくさん持つようにすればいい。つまり、固定観念を1個ではなく、100個持つようにすればいいのだ。そしてこれらの固定観念の中には、互いに相容れなかったり、角度によっては矛盾しているように見えたりするものがあったほうがいい。

固定観念を100個というのがオーバーだとするなら、10個でも20個でもいい。たくさん持てば、それは〝固〟定観念ではなく、〝多〟定観念となる。

〝多定観念〟は人間の物理的、精神的な視野を広げてくれるものである。多定観念を持てば、今まではひとつだと思っていた答え、一本しかないと思っていた進むべき道がいくつもあることに気づけるだろう。その気づきは、あなたが生きていく上での最大のサポート役となってくれるはずである。

固定観念を100個持てば物理的、精神的な視野が広がりひとつの見方に囚われずに済む

直感には曲がってくる「曲感」もある

羽生善治さんは2019年5月に通算勝利数を1434とし、それまでの最高記録だった大山康晴氏を抜き、通算勝利数歴代1位となった。

私にとっての麻雀が直感の勝負だとするならば、羽生さんにとっての将棋は思考の勝負であろう。将棋盤を挟んで相手と対峙し、どこまでもどこまでも深く思考し、先の先を読む。羽生さんは勝負の場において、時には千手先を読むこともあるという。

直感で生きてきた私にとって、羽生さんのように考えに考え抜いて、頭をコンピュータのように働かせて勝負することはとても無理である。それほどまでに羽生さんの思考力は凄まじい。

私は雀鬼会で道場生たちに「牌を一秒で切れ」と教えている。将棋とは違い、麻雀で「考える」という行為を続けていると、そこに様々な欲や損得勘定、迷いといった雑念が入り込んできて、私たちが目指す「いい勝負」ができなくなってしまう。だから考えることを捨て、素の状態に近い感覚で麻雀を打ってほしいので「牌を一秒で切れ」と教えているのである。

私が生きてきた感覚でいえば、「直感」にはその字の通り真っ直ぐに感じる「直感」と、曲がってやってきたものを感じる「曲感」の二種類がある。

曲感は、あるものを飛び越えたり、回り込んだりしてこちらにやってくる。言葉で聞くと分かりづらいかもしれないが、この曲感は自然界で起こっていることに近い。

例えば太陽の光が私たちに届くにしても、上から降り注いでくるだけではなく、建物に反射したり、地面に反射したりして私たちに届いている。大自然の中で感じる風にしても、山や森の木々など、いろんな障害物を経て私たちの体に辿り着き、またどこかへと流れていく。直感と聞くと、真っ直ぐに感じる感覚だと思ってしまいがちだが、このように曲がって感じる曲感があることを覚えておくといいだろう。

この曲感の感覚が優れているのが、自然界の生き物たちである。岩礁の陰に潜む魚は、見えない場所の天敵の気配も感じ取る。だから私たち人間が素潜りをしても、魚たちは人間を違和感として捉え、素早く身をひるがえして逃げていくのである。

かつて、太古の世界で野生動物たちとともに生きていた人類には、この曲感を含めた直感という感覚が鋭かったはずだ。しかし、人工物に囲まれた今の社会で暮らしている人たちは、かつての人類が持っていた直感という感覚をすっかり閉ざしてしまっている。

閉ざされた直感という感覚を開き、さらに鋭敏にしていくためには、今の社会で当たり前とされていることに疑問を感じることから始めなければならない。

現代の社会には便利なものがたくさんあるが、それらは本当に人間にいい影響を及ぼしているのか?

財産、情報、利権などは増やせば増やすほどいいとされているが、増やす、貯める、裕福になるといったことは本当にいいことなのか？

現代人は余分なものをたくさん持った、いってみれば精神の肥満体となっている。余分な精神の脂肪が直感の妨げになってしまっているから、まずは身についてしまった余分なものを削っていく作業が必要だ。

今、常識とされていることは、人間にとって本当に当たり前のことなのか？

そういった諸々の当たり前とされていることに疑問を感じ、知らず知らずのうちに身につけてしまった余分なものを削っていくと、きっといろんなことに違和感を覚えるようになるはずである。そしてその違和感こそ、本来私たちが持っていた直感への入口なのだ。

違和感こそが本来人間が持っていた直感への入口となる

上のレベルに行こうと思えば短所にも対処する

人には長所もあれば短所もある。これは強みと弱みと言い換えてもいいかもしれない。そして、近年のコーチングでは短所よりも長所にスポットを当て、長所を伸ばすことによって短所をカバーしてしまおうというような考え方が主流なのだという。

人間は元々、自然界の動物たちの中でも弱点を多く持った生き物である。だから他の動物たちよりも脳という武器を発達させ、それを強みとして進化してきた。

この世の中に短所、弱点のない人はいない。この私にだってもちろん短所もあれば弱点もある。最近は齢を重ね、昔のように体が動かせなくなってきたから、短所や弱点は増えていく一方である。

しかし、オリンピックで金メダルを狙うようなアスリートは、短所や弱点はできるだけ少ないほうがいいに決まっている。

短所とは、その人の足を引っ張る弱点である。相手と戦っているのに、自分の中に足を引っ張る存在があったら、ひとりでふたりを相手にしているようなものである。弱点が増えれば増えるほど足を引っ張る存在も増えていくわけだから、先述したように「長所だけ伸ばす」というやり方はレベルが上がれば上がるほど通用しなくなる。その道で生き残っていきたいのであれば、自分の短所、弱点としっかり向き合い、対処していく必要があるのだ。

だが、各々が持っている短所、弱点はすべてなくなるわけではないし、なくす必要もない。短所があるから自分の苦手とするもの、弱点も分かる。例えば自分の中に苦手なものが10あったとしたら、8つくらいは対処して修正していけばいいが、あとの2つは残したままでいいと思う。自分のマイナスな部分（苦手や弱点）に気づくためにも、短所は完全に失ってはいけないのである。

短所の
8割は対処して修正し
2割は残しておくことで
自分の弱点に気づける

心技体が揃わなければ、トップアスリートとはいえない

近年、卓球界では若手の台頭が著しい。一時期若手の筆頭として活躍していた石川佳純選手でさえ、現在27歳ですでにベテランの扱いなのだから選手層の新陳代謝の早さがよく分かる。

最近、女子卓球で話題の「みうみま」こと平野美宇選手と伊藤美誠選手は、2020年に20歳を迎える。

2019年4月の世界選手権ブタペスト大会では、伊藤選手は女子ダブルスで早田ひな選手とペアを組み、女子ダブルスで日本ペア48年ぶりの決勝進出を果たしたが、試合巧者の中国ペアに揺さぶられ続けて惜しくも銀メダルとなった。この時の映像を

見ると、中国ペアは動きが少なく、日本ペアは揺さぶりを受けて常に動かされ、体がブレてしまっていた。試合は終始中国ペアのペースで進んでいた。伊藤選手の若さが出た敗戦といえるかもしれない。

一方の平野選手は、同大会の個人戦準々決勝で当時世界ランキング1位の丁寧と対戦した。この試合も、若い平野選手はベテランの丁寧に見事にやられたといっていい。試合中、平野選手の頭は終始ブレ続けていた。体が縦揺れだけではなく、横にも揺れていたから、これでは自分の持つ力を十分に発揮できるわけがない。

卓球男子で注目されているのは「チョレイ」でおなじみの張本智和選手だろう。張本選手は、２０１８年のワールドツアーグランドファイナル男子シングルスで、史上最年少となる15歳１７２日で優勝を果たしたという。中学生でのこの偉業達成は、まさに早熟の極みといえる。

近年、卓球界で若手の台頭が著しいのは、卓球という競技がコートも狭く力よりも俊敏さが求められるため、小中学生でも大人に勝つことができるのだろう。これからは日本だけではなく、世界でも卓球の若年化がより進んでいくように思う。

話を元に戻そう。張本選手の試合を見ていると、精神的な弱さが随所に表れる。自分が優位にある時はいいが、不利な状況に陥った時に精神の不安定さが顔に表れる。体よりも、精神的なダメージを受けやすい選手である。

卓球は相手との距離も近いだけに、体の揺さぶりだけではなく、精神的な揺さぶりも勝敗に大きく関わってくる。中国のベテラン選手たちは、そういった精神的な揺さぶりをかけてくるのがうまい。日本の若い選手たちはメンタルが弱いから、そういった揺さぶりに負けないような精神の強さを身につける必要があるだろう。

メンタルが弱いといえば、女子テニスプレーヤーの大坂なおみ選手もそうである。大坂選手は目に嫌味が出ている。もしかしたら、幼少期に受けてきたいじめなどがその表情に表れているのかもしれない。

彼女は自分の思い通りの試合運びにならないと、すぐにラケットを投げることでもおなじみだが、洋の東西を問わず、ものに当たるようなアスリートにトップを名乗る資格はない。

大坂選手のインタビューなどを見ていても、プロとしてのサービス精神がまったく感じられない。調子のいい時はたまに気の利いたコメントを言ったりもするが、調子の悪い時は本当に不機嫌そうである。このような情緒不安定さでは、とてもではないがトップアスリートとは呼べないし、頂点の座に長くいることも難しいと言わざるを得ない。

体の揺さぶりだけではなく
精神的な揺さぶりにも
負けないようなメンタルの強さを
持つのがトップアスリート

「負けず嫌い」は勝つために必要な資質か？

一流のアスリートになるのに「負けず嫌い」は必須の資質かどうかと問われれば、私の答えは△である。

確かに、プロ野球やJリーグといった団体の球技にしろ、柔道やボクシングといった個人の格闘技にしろ、メディアでよく見かける有名な選手たちは負けず嫌いな人がとても多いようだ。

私がよく使う言葉のひとつに「負けの99％は自滅」というものがある。麻雀では、負けず嫌いな資質が強すぎるがために引くべき時に引けず、負けに負けを重ね続けて自滅していく人たちをよく見かける。負けず嫌いな気持ちが強い人は、勝ち続けると舞い上がってしまうし、負けが込むと熱くなりすぎてしまう。どっちに転んでも冷静さを失っているので、当然のことながらいい結果が長く続くことはない。

勝負事において「負けたくない」という気持ちを持ち続けることは確かに大切だが、「とにかく勝たないと気が済まない」とか「なんでもかんでも一番にならないと満足できない」という思いが強すぎるのは、先述したようにいい結果には繋がらないからちょっと考えものだ。

私が先ほど「△」と答えたのは、負けず嫌いの気持ちを持ちすぎるのも、まったく持たないのもよくないということを表したまでである。

「負けるわけにはいかない」

「この部分だけは譲れない」

そういう気持ちを抱くような物事、分野を持つのは、自分の人生の中でひとつかふたつ持っていれば十分だと思う。それ以外の物事、分野で負けるのはＯＫ。そのくらいの余裕を持ったほうが人は強くなれるのだ。

譲れる部分をまったく持たずに生きていると、負けを避けるために汚いことも平気でするような人が出てくる。そんな人間にはならないよう、すべてにおいて負けず嫌いにはならないほうがいいのである。

私の場合、幼い頃から負けず嫌いというより、「負けたら遊べなくなるから勝たないといけない」という捉え方で生きてきた。

例えば大好きだったベーゴマにしろ、メンコにしろ、負ければ自分の大切な遊び道具が相手に取られてしまうから、負けるわけにはいかなかった。

幼少期の私にとって、ケンカで負けることは男として許されないことだった。当時の私にとっての数少ない「譲れないもの」のひとつが、ケンカだったのだ。

小学生の頃から相撲が大好きで、休み時間や放課後など暇さえあれば友達を誘って相撲に興じていた。今思えば、相撲も私にとってはケンカのひとつだったのだろう。ケンカをしたら先生や親に怒られるが、相撲ならいくら取っても怒られない。しかし、弱い相手に勝ってもまったく面白くないから、体躯の勝る上級生を見つけては勝負を挑み、私は勝ち続けた。そういった遊びの中で、私は「自分より体の大きな相手を倒すには、どうやって体を動かせばいいのか？」を考えるようになり、無駄のない動きで強大な力を発揮させる体の動き、体捌きを覚えていったのだ。

いずれにせよ、負けず嫌いの気持ちが大きすぎるのは、その人にいい結果をもたらしてはくれない。だから「これだけは負けたくない」「ここだけは譲れない」という部分をひとつかふたつ、持つようにすればいいのだ。

「ここだけは譲れない」
というものを
ひとつかふたつ持つことで
人は強くなれる

根性には二種類ある

１９６４年の東京オリンピックでは、バレーボールの女子日本代表が「東洋の魔女」として大活躍し、金メダルを獲得した。選手たちは「鬼の大松」として知られる大松博文監督から、それこそ血へどを吐くくらいの猛特訓を毎日受けていたという。

大松監督の名は根性論の代名詞となり、後のスポーツ界のスパルタ教育へと繋がっていく。今では何かと批判を受けることの多い根性論だが、私は〝根性〟そのものが悪いとはまったく思わない。根性には持っていい根性と、不要な根性の二種類がある。持っていい根性は、何かを成し遂げる際に絶対必要となるものだ。

「私はがんばっています。私のがんばりを見てください」

必死で努力を続けていると自分で思っている人の中には、監督やコーチといった指導者にこのようなアピールをする人が少なからずいる。必死さを前面に出して自分をアピールする。このような根性を持っている人は、スポーツ選手としてというより、人間として醜い。

私が持っていいと思う根性は、決して表に出てこない人間の精神、生き方といっていい。大樹を支える根は、地下にあるからまったく見えない。しかし、大樹が枝を張り、緑を生い茂らせることができるのは、大地深くにしっかりと根を張っているからである。私のいう根性とは、大樹を陰で支える根のようなものだ。

かつての根性論に染まった人たちは、必死に努力して汗と涙を流せば、望む結果が得られると思っている人が多い。しかし、間違った努力をいくら続けても望むような結果は得られない。そもそも、「努力」は「努めて力む」と書くから、私の思っている「人間本来の体の動かし方」は努力とは対極のところに位置している。「必死に努力しています！」とよく口にする人は、力むことばかりを続けているため心身が硬い。心身を柔らかく使い、人間本来の体の動かし方を身につけていくためには「努力」という観念を一旦脇に置き、「自分はどう鍛えれば伸びるのか」を客観的に考えていくことが大切だ。

自分を伸ばすための方法を考え、杓子定規な練習ではなく、自分なりの工夫を加えていく。それこそが「正しい努力」であり、この努力には遊び感覚をどんどん取り入れていったほうがいい。

ちょっときつい練習でも、そこに遊び心を加えると楽しくできたりするものだ。そうやって苦しい練習を楽しくこなせるようになれば、本番で起こったピンチなどにも余裕を持って対応できるようになるのだ。

「努力」という観念を一旦脇に置けば心身を柔らかく使えるようになる

スパルタでは実力も伸びず、根性もつかない

前回の東京オリンピックが開かれた1964年、当時の日本のスポーツ界はスパルタ方式の指導法が主流だった。

練習中は私語も笑顔も禁止。水も飲めず、指導者は始終選手を怒鳴り散らし、殴る蹴るといった指導法も当たり前の時代だった。

日本のスポーツ界がスパルタ方式だったのは、戦争の影響である。戦後の復興とともに国内でも様々なスポーツが行われるようになったが、集団を取り仕切るための規律は戦争中と変わらず軍隊方式だった。

「東洋の魔女」と呼ばれ、一世を風靡した日本代表女子バレーボールチーム。彼女た

ちは「鬼の大松」から、超スパルタの猛特訓を受けていた。そういったことがマスコミでも取り上げられ、日本人は「やはり強くなるには、問答無用の厳しい猛特訓が必要なんだ」と思い込んでしまった。昭和という時代のスポーツ界がスパルタ方式だったのは、こういった諸々の理由がある。

昭和から平成を経て、令和となった今、かつてのスパルタ方式の指導はこの社会からほぼなくなっているようだ。学校の指導者も、スポーツ界の指導者も、生徒や選手を殴れば自分の立場が危うくなるから滅多にそんなことはしない。指導方法も罵声を浴びせるだけのかつてのやり方は大きく見直され、怒ったり叱ったりするより「ほめる」ということに主眼を置いた方向へシフトしていると聞く。

学校の先生は生徒たちを「さん」づけで呼び、生徒がどんなにふざけた態度を取っても手を上げることはもちろん、怒鳴りつけることすらもできない。学校内がそんな環境だから、調子に乗った生徒はさらに先生の言うことを聞かなくなる。生徒たちが立ち歩いて授業が成り立たない学級崩壊や、指導に行き詰まりノイローゼとなって休職する先生が後を絶たないとも聞く。

私が今ここで現代教育の状況を説明したのは、かつてあったスパルタ方式を取り戻せとか、暴力的なやり方を礼賛しようとしているからではない。

スパルタ方式を一掃すべく、平成という時代に教育界やスポーツ界は動いてきたはずなのに、本当に状況は改善しているのかどうか。そこを改めてみなさんに考えてほしくて、教育界の現状を例に挙げたのだ。

かつてのスパルタ教育は、選手や生徒たちを兵士のように戦わせるため、扱うために用いられた。そのような暴力的なやり方は今では減ったのだろうが、逆に目には見えない内なる（精神的な）暴力で、今の子供たちは親から勉強という戦いを強いられているように私には見える。つまり、表面上は教育界もスポーツ界も穏やかになったかもしれないが、実はその内部で行われていることはスパルタ時代とそれほど変わらないのではないか。私にはそう思えて仕方ない。

結果至上主義の今の社会では、「有意義なことをしなさい」と人々に教えている。有意義＝得であるから、無意味なことや損することは誰もしようとはしない。だが、有意義なことや得なことばかりを追う人々が増えたことで、社会全体が悪くなってしまっていることに誰も気がついていない。

スパルタ方式で何かを教え込めば、選手に根性がつくのではないか。そんなふうに思っている古い考えの指導者も未だにいるようだが、どんな教え方をしようと、多くの人が得ばかりを追っている今の社会では根性は身につかない。本当の根性とは、損も得も関係ないリスクあるものを追う中で、あるいはハンデを背負わされた戦いの中でこそ育まれるものなのだ。そこを勘違いしてはいけないと思う。

本当の根性とは
損も得も関係ないリスクあるものを
追う中で育まれていく

楽しい練習が実力を伸ばす

人間は通常、どんなにがんばっても自分の持っている力の30％しか使っていないことが科学的に証明されているそうだ。そして残りの70％の潜在能力を引き出すカギが〝笑顔〟にあるのだという。

具体的には、普通に走るのと笑顔で走るのとでは、笑顔で走ったほうがタイムがよくなる。専門家によれば「笑うとリラックスすることができて、その結果歩幅が広くなり、足が速くなる」のだそうだ。

思考の柔軟性は肉体にも影響を及ぼす。思考の柔らかい人は動きも柔らかいが、思考の硬い人は動きも硬くぎこちない。私は道場生たちにいつも「柔軟性を持っていなければ臨機応変に対処することができないよ」と伝えている。何事においても状況、状態を的確に判断し、臨機応変な対応を取るためにはリラックスした柔らかい状態が必要なのだ。

「好きこそものの上手なれ」ということわざがある。

好きなことは自然と熱中できるから上達も早いということだが、好きなことはどれだけやっても飽きないし、何より楽しい。楽しいから時間が経つのも忘れ、その物事に集中できる。楽しければ表情も自然と笑顔になる。先述した潜在能力を引き出すための笑顔は、楽しいことに取り組んでいる状況を意識的に作り出すことで、より速く走ることが可能になっているのだろう。

ただ、この場合の「楽しい」は「楽（ラク）」とは違う。人の力を伸ばしてくれるのは「楽な道」ではなく「厳しい（険しい）道」である。それがたとえどんなに厳しい道であったとしても、自分の目指すものがその先にあるのであれば楽しく取り組める（練習できる）はずだ。

楽しく練習をするには、そこにしっかりとした自分を持っていないといけない。自分に自信がなく、他からすぐに影響を受けてしまったり、あるいはまわりの意見に流されてしまったりする人は、なかなか自分なりの楽しい練習をするというわけにはいかないだろう。

しっかりとした自分を持っている人と持っていない人の違い。それは素質、センスといった先天的な感覚に近く、自分を持っていない人はピンチで緊張したり、力みが入ったりして自ら壊れていく。

自分を持っている人は、イエスとノーだけの二次元ではなく、さらにもうひとつ加えた三次元的な感覚を持って生きている。だからイエス・ノー、正解・不正解だけで思考が停止することなく、「もっと違う答え（やり方）があるのではないか」と探すことができる。そういった感覚を持っていればピンチで緊張することもないし、自分に合った正しい努力もできるようになるのである。

好きこそものの上手なれ
リラックスした
柔らかい状態が
臨機応変な対応を生む

「ラク」と「楽しさ」をはき違えてはいけない

雀鬼会の道場である「牌の音」はただの雀荘なのだが、私の孫や付き合いの古い編集者の娘（小学生）など子供たちがしばしば訪れ、道場生たちと触れ合いながらそれぞれが楽しい時を過ごしている。

子供たちはみな、道場が楽しいという。道場に来たら、会長やみんなと遊べるから楽しいと。そう、子供たちはいつの時代も「楽しさ」を一番に求めている。これは人類共通の真理である。

本当は大人たちも「楽しさ」を一番に求めるようにすれば、世の中ももっとよくなっていくのだろうが、今日日の大人たちが求めるのは金や権力、地位や名誉といった人間が生きていく上では本来まったく必要のないものばかりだ。

オリンピックで金メダルを獲るような超一流のアスリートたちは、勝つことが楽しくて楽しくてしょうがないのだろう。だから負ければ死ぬほど悔しい。負けたくないから必死で練習する。そして勝って楽しさを味わう。一流のアスリートであればあるほど、厳しい鍛錬の日々を持続するモチベーションはシンプルなものだと思う。

命懸けで世界の最高峰を目指す登山家や、太平洋をたったひとりヨットで横断しようとする冒険家なども、死ぬかもしれないという「恐怖」よりも「楽しさ」が勝っているから飽くなき挑戦を続けるのだろう。命懸けでチャレンジすることが楽しくてしょうがない。その楽しさを生のエネルギーに変換する生き方は私も同様である。

「楽しさ」は漢字で「楽（ラク）」と書くが、前述したように私の求めている「楽しさ」は「ラク」とは違う。私のいう「楽しさ」には、当然のことながら苦しみや辛さも内包されている。「楽しさ」を追い求めている最中に出会う苦しみや辛さが己のエネルギーとなり、壁を越える力となってくれるのだ。

現代を生きる人たちの多くが求めているのは「楽しさ」ではなく「ラク」である。勉強をして、いい大学に入って、いい会社に入れば将来「ラク」ができますよ。幼い頃からそう教わってきた人たちばかりだから、命懸けで「楽しさ」を追い求めようなどとはまったく思わない。だから、どんなにつまらなくても「ラク」をするために仕事をしている。

人としての強さは、「楽しさ」を追い求めていく中で育まれるものである。「ラク」を求め続けていれば人はどんどん弱くなっていく。それだけははっきりしている。

「楽しさ」を追えば強くなり「ラク」を追えば弱くなる

ゴキブリごときに驚いているようではダメ

緊張しやすい人やおっちょこちょいの人は、プレッシャーのかかる場面や不測の事態となった時に、とんでもない行動を起こしてしまいがちである。

「あの人っていつもバタバタしているよね」

みなさんのまわりにもそんな人がひとりやふたり、きっといるのではないだろうか。

ちょっとしたことでパニックに陥り、バタバタしてしまう人は思考に余裕がないから、すぐにあっぷあっぷ状態になってしまう。

「私はそんなにバタバタすることはない」と思っている人でも、もし目の前にゴキブリが突然現れたら平然としていられるだろうか？　真の意味での泰然自若とした人はゴキブリはもちろんだが、どのような事態が起ころうとも動じることはない。

現代社会で暮らす人たちは「安心・安全」をもっとも求めている。幼い頃から危険なことに飛び込んで遊ぶのが大好きだった私から見れば、今の世の人々は完全防御の無菌室で生活しているようなものである。「安心・安全」の囲いに守られた人たちが、不測の事態に対応できるのかといえば答えはもちろんＮＯである。


山登りをしている最中、目の前に平坦な道と険しい道が現れたら、多くの人は平たんな道を選ぶだろう。でも私はそこで「こっちのほうが楽しそうだ」といつも険しい道を選択してきた。自分を成長させてくれるのは、楽な道ではなく険しく厳しい道である。私が大抵のことに動じずに今までやってこられたのは、そんな生き方をずっと続けてきたからだ。

常に厳しい道を選ぶのは、多くの人にとって辛い生き方かもしれない。でも、自分を成長させたいのであれば、普段からちょっとずつでも、厳しい道を選択していける心構えを持つようにしていくべきだろう。

「楽な道」ではなく
「険しく厳しい道」を選ぶことで
動じない心を
身につけることができる

チーム内で本当の信頼関係を築くための条件

集団でプレーするスポーツでは、技術や体力を伸ばすだけではなくチームの結束力を高めていくこと、いわゆる「チームワーク」が大切とされている。

チームワークの根幹を成しているもの。それは、お互いの中に通い合う信頼感であろう。本当の信頼感で繋がった関係はしなやかで強い。

うわべだけの仲良しグループのような馴れ合いの関係では、本当の信頼関係は作れない。真剣勝負の場で、しかも絶体絶命のピンチを幾度も乗り越えていくことで、本当の信頼関係というものは育まれていく。

私が信頼関係を感じるのは、道場生たちと海で素潜りをしている時である。雀鬼会では毎年夏になると伊豆の海へ繰り出して、そこで1～2週間の間、みんなで素潜りを楽しむ。私たちが素潜りをするのは、海水浴客で賑わう浜辺ではなく、地元の人でもあまり行かないような磯である。

ごつごつとした岩ばかりの磯では、海に入るのにも、海から上がるのにも大変に気をつかう。ちょっとタイミングを間違えば波の力で体が岩場に打ちつけられ、大ケガを負うことになる。

道場生の中には泳ぎの達者な者もいれば、下手な者もいる。下手な者が海に入ったり、あるいは海から岩場に上がってこようとしたりする時は注意が必要である。だから私は、泳ぎのうまい者たちを周辺に配し、阿吽の呼吸で苦手な者がケガなく過ごせるようにサポートをしている。この時、私たちはいちいち大声で声をかけ合うようなことはなく、目配せや体の動きだけで対処する。こんなことができるのも、海で長い間過ごすことによって私と道場生たちの間に育まれた信頼関係があるからである。

道場生たちの中でも、私がもっとも信頼を置いているのが「シャボ」と呼ばれている道場生だ。

私は昔から危険が大好きなため、素潜りする時も海が荒れていれば荒れているほど潜りたくなる。でも、そんな荒れた海に道場生たちを潜らせるわけにもいかない。だからそんな時は道場生たちを陸で待たせ、私はひとりで海に潜るようにしているのだが、そんな時でもシャボだけは私の後を黙って付いてくる。

荒れた海中は潮の流れが渦巻き、まるで巨大な洗濯機の中に放り込まれたかのようである。しかも白波が間断なく叩きつけるため、海中は真っ白で何も見えない。自分がどこにいるのか、どこに向かって泳いでいるのかまったく分からないから、頭や体が岩礁に打ちつけられないよう、手と足で周辺を探りながら泳ぐ。しかし、そんな過酷な状況の中でもシャボは私のそばから決して離れない。海中は真っ白で彼の姿は見えないが、その存在を確かに感じる。

荒れた海でシャボの存在を感じた時、私は「本当の信頼関係というものは、こういった非日常の中でこそ育まれるのだな」と確信した。本当の信頼は日常の生活にはなく、生命が危険にさらされるような困難な状況の中にこそ存在する。

スポーツの世界で果たしてそのような信頼関係が築けるのかといえば、正直なところ疑問である。また、どんなに理解し合っている関係だとしても、仲の良さと信頼関係はまったくの別物だから勘違いしてはいけない。本当の信頼関係とは、損得や欲、善悪や世の常識といったものがないところで育まれるのである。

本当の信頼関係は絶体絶命のピンチを幾度も乗り越えていくことで育まれる

自然に任せて生きていくと、感謝心が生まれる

東京オリンピックが開催される予定だった2020年夏、私は77歳を迎える。気づけばもうこの年である。私もあと何年生きられるのかは分からないが、70代も中盤をすぎ、年々体が弱っていくのをはっきりと感じている。

雀鬼会の道場生たちとの触れ合いを終え、家に帰るのはだいたい未明から朝にかけての時間帯となる。相撲や卓球、あるいは体捌きなど、体を使って遊んだ後は体が疲れ果て、家の玄関前にあるわずかな高さの段差にもつまずくことが多くなった。

若い世代の人たちにはまったく分からないだろうが、私にとってはわずか1センチの段差でも越えるのに一苦労だし、靴を脱ぐ、ズボンを脱ぐといった生活の一部であ

る何気ない動作も今の私には大作業なのだ。

明け方、道場生の車で家まで送ってもらっていると、黙々とウォーキングに励んでいるお年寄りをよく見かける。ああいった健康にこだわる方々は、私のようにわずかな段差でつまずくようなこともあまりないのだろう。

でも、だからといって私は彼らのように毎朝ウォーキングをしようとは思わない。巷ではアンチエイジングが相変わらず大流行りだし、長寿のためのサプリメントの広告もメディアにあふれている。しかし、歳を取るということは自然な流れであり、その流れに逆らうアンチエイジングなどの考え方は、私から見ると不自然極まりない。だから私は玄関でつまずいても、ズボンを脱ぐのに難儀しても、それが自然の流れとしてそのまま受け止めている。


歳を取って体が硬くなるのは、自然の摂理である。体が硬くなっていけば、それまでできていたことが次第にできなくなっていく。私はそれを当然の流れとして受け止め、「体が動かなくなってもできることはあるはず」と、今の状態を楽しむようにしている。だから体のどこかを痛めたりしている時ほど、道場生たちと相撲が取りたくなる。根っからの逆境好き、不利な状況好きな性分がきっとそうさせるのだろう。

お年寄りの中には、できなくなっていくことが増えていく現状を許せず、イラついたり、周囲に八つ当たりしてしまったりする人もきっと多いと思う。だが、私はできないことが増えていくと「今までこういうことが普通にできていたんだ」と、できていたことに対しての感謝心が生まれてくる。できなくなっていくことを案じたり憂いたりするのではなく、できていたことに感謝する。それが自然の流れに沿った、人間本来の生き方なのだ。

「できない」ことではなく「できる」ことに気持ちを向けて今の状態を受け入れて楽しむ

第5章 記憶に残るメダリストの言葉を読み解く

本章では、過去にオリンピックでメダルを獲得したトップアスリートたちが発した数々の名言を紹介しつつ、その言葉から感じた私の素直な思いを綴っていきたい。
率直に「いいな」と思えるものから「ん？　それはどうなの？」というものまで、国内外問わず、いろんなアスリートの言葉を選んでみた（番外編として冒険家、登山家の言葉も収録）。みなさんはアスリートの言葉から何を感じるだろうか？

「今までに、一体どれだけ走ったか。
残すはたった42キロ」

高橋尚子
2000年シドニーオリンピック　女子陸上　マラソン　金メダル

感謝心を持っている人は強い

高橋尚子選手はシドニーオリンピックのスタート直前、頭の中でこう思ったのだそうだ。この言葉には「残すはたったの42キロだ」と考え方を切り替え、自らの気持ちを楽にしようとする意味合いとさらにもうひとつ、彼女の「マラソンが大好き」という思いが秘められているように思う。その証拠に、彼女は金メダルを獲得したレース後、うれしさの反面「10か月かけて、監督、スタッフのみんなが支えてくれ、明日もがんばろうという雰囲気でこられた。それが終わってしまうのか……」という寂しさも同時に抱いたのだという。

自分だけで強くなったわけではないことを知っている人は、より一層強くなれる。帰国後、国民栄誉賞を受賞した際に高橋選手は「監督、栄養士さん、支えてくださった人、全員にいただいた賞です」とコメントしている。やはり金メダルを獲るような本物のトップアスリートは、こういった感謝の心を持っている人なのだ。

また、現役時代の高橋選手は、高校時代の陸上部の恩師から贈られた言葉が励みになっていたという。それは元三洋電機副社長、後藤清一氏の著書『リーダーズノート』の中にあったこの言葉だそうだ。

「何も咲かない寒い日は下へ下へと根を伸ばせ。やがて大きな花が咲く」

高橋選手は元々中距離の選手で、社会人になってからマラソンに転向した。マラソン転向後、3年間はまったく鳴かず飛ばずでくじけそうになったことも度々あったが、この言葉を思い出し、がんばってきたのだという。

これは「根っこ」を大切にする私の考えとも共通している部分があるように思う。根は地上には出ていないから、私たちには見えない。でも大樹であればあるほど、地中に張っている根は大きく、深く、そして強靭である。人はどうしても目に見える部分に注目してしまいがちだが、本当は目に見えない部分こそが大切なのだ。高橋選手はこの言葉を励みに、大衆の目の届かない日々の厳しい練習を耐え抜き、その実力を開花させたのだろう。

「初めて自分で自分をほめたいと思います」

有森裕子

1992年バルセロナオリンピック　女子陸上　マラソン　銀メダル
1996年アトランタオリンピック　女子陸上　マラソン　銅メダル

内容や過程がよかったという意味でほめるのはあり

私は自分をほめるということをしたことはないが、別に自分をほめることを否定したりはしない。

だが、結果を見て自分をほめるのはちょっと違う気がする。その日の勝負の内容がよかった。それまでやってきた過程がよかった。そういった意味でなら、自分で自分をほめるというのはありだと思う。負けてしまったけど、今まで全力で取り組んできたから悔いはない。このような「負けてもほめる」というあり方もいい。

有森裕子選手は、アトランタで銅メダルを獲得した直後に発した冒頭の言葉の前に、「メダルの色は銅かもしれないけど、終わってから、なんでもっとがんばれなかったのかと思うレースはしたくないし、今回はそうではなかった」といった内容のコメントを残している。つまり、内容や過程に満足しているという意味で、自分をほめたいと思ったのだ。


私は代打ち時代、大一番に勝ってもまったくうれしくなかったし、自分自身が恥ずかしかった。勝負が終わったら誰にも会わず、一刻も早く家に帰りたかった。だから電車のない時間帯には、闇夜の中を線路伝いに歩きながら帰ったこともある。

雀鬼会を立ち上げてから30年以上がすぎたが、雀鬼会が続いているのは私ではなく、周囲でがんばってくれている何人かの道場生たちのおかげである。彼らに対しては「ありがたいな」と心から思うが、自分に対しての思いは何もない。

雀鬼会のホームページで私は、日々思ったことをレポートとして綴っているが、それも気づけば6000本を超えた。でも、だからといって自分ががんばっているとはまったく思わないし、いい文章を書こうとか、ほめられようなどと思ったこともない。

今日日、インターネットを使ってみなさんも情報を発信なさっているようだが、そもそも私は多くの人にこの文章を読んでもらおうと思ってレポートを始めたわけではない。ただ、自分の周囲にいる人たちに「こんなことがあったよ」と伝えたくて始めただけなのだ。

私の出した本やホームページのレポートを呼んで「元気が出ました」とか「勇気づけられました」と言ってくれる一般の方々もいるが、それもみなさんの大きな勘違いである。私なんぞの本を読んで人がどうかなるはずがない。生まれてからこの方、ほめられるようなことは何ひとつしてこなかった私である。有森選手のように、自分自身をほめられるわけがないのだ。

「自分は金メダルしか見ていない。金以外ならビリも一緒」

太田雄貴

2008年北京オリンピック　男子フェンシング　フルーレ個人　銀メダル
2012年ロンドンオリンピック　男子フェンシング　フルーレ団体　銀メダル

結果論ではなく、経過論で語ろう

これは太田雄貴選手がロンドンオリンピックの直前に発した言葉であるが、金メダルへの思いがこの言葉に凝縮されている。世界のトップを目指すのであれば、このくらいの気持ちがなければダメだと思う。

前回の北京オリンピックでは銀メダルだったため、ロンドンでは是が非でも金メダルを手にしたい。その思いだけできっと4年間、練習に励んできたはずだ。

つまり、太田選手のこの発言は「結果論」ではなく、金メダルを目標としていい経過を辿ってこられたという自信からくる決意表明みたいなものだったのだろう。

今は、すべてが結果で判断される世の中である。社会の仕組みが結果至上主義なので、人々が結果にこだわってしまうのはある意味しょうがないことだといえる。

しかし、そんな世の中だからこそ私は「経過」を大切にしていきたいし、経過がよければ負けてもいいとすら思っている。

だから、オリンピック選手がメダルを獲得して「いい結果が出せました」と言うより、メダルを獲れなかったけれども「いい経過でここまで来ることができたので、納得しています」と発言するような選手が増えれば、世の中もちょっとずつ変わっていくと思うのだが、結果至上主義の今の社会では無理な注文だろうか。

「勝つためなら負けもありだと思います」

伊調馨

２００４年アテネオリンピック　女子レスリング・フリースタイル63キロ級　金メダル
２００８年北京オリンピック　女子レスリング・フリースタイル63キロ級　金メダル
２０１２年ロンドンオリンピック　女子レスリング・フリースタイル63キロ級　金メダル
２０１６年リオデジャネイロオリンピック　女子レスリング・フリースタイル58キロ級　金メダル

こんな時代だからこそ、伊調選手のような考え方が必要

２０１６年１月、ロシアで行われた国際大会決勝で、伊調馨選手はモンゴルの選手に大差のテクニカルフォール負けを喫し、連勝記録（１８９連勝）もストップした。

この発言はその試合の後に伊調選手が発したものだが、この言葉には彼女の「結果より経過重視」の姿勢が表れているように思う。

勝利よりも、自分のレスリングを追い求めた結果をしっかりと受け入れたこのコメントの後、彼女はリオデジャネイロオリンピックで前人未到の4大会連続の金メダルを獲得することになる。

大差で負けているとなれば、普通だったら大技で大逆転を狙いにいくだろう。だが、伊調選手はあえて細かいポイントを取りにいくレスリングを貫いた。

きっとこの試合において、彼女は何か自分に課題を課していたのだろう。そしてその課題に則ってレスリングをした結果、1ポイントも取れずに負けた。そのような過程があったから、試合後に「自分のやりたいことをやったから、結果として負けてもいい」という意味での言葉が出たのだと思う。

オリンピックで金メダルを獲得した選手の中にはその後、驕りのようなものが出てきてしまう人も少なくない。しかし、伊調選手にはそういった部分がまったく感じられず、レスリングに真摯に向き合っている感じがして私はずっと好感を持っていた。伊調選手は動きもいいし、根性もあり、心技体が相対的に整っている。「私はチャンピオンなんだ」というような思いが強すぎると、それが動きに出てきてしまうものだが、伊調選手は動きに力みがなく、欲やプレッシャーなどの余分なものがあまりついていないように見えた。

残念ながら、伊調選手は今度の東京オリンピックには出場しない。この後、彼女がどのような道を歩むのかは分からない。でも、どこかの誰かさんのようにテレビやCMに出まくるようなことはないだろう。私としては、その過程を大切にする精神と指導によって、次なるメダリストを生み出してほしいと思っている。

「チョー気持ちいい」

北島康介

2004年アテネオリンピック　男子競泳　平泳ぎ　100m金メダル　200m金メダル
2008年北京オリンピック　男子競泳　平泳ぎ　100m金メダル　200m金メダル　他

ライバルも大切な仲間であることを忘れてはいけない

この言葉はその年の新語・流行語大賞にも選ばれたので覚えている方もたくさんいるだろう。アテネオリンピックの１００ｍ平泳ぎで、金メダルを獲得したレース直後のインタビューにおいて、北島康介選手が発した言葉である。

この時の北島選手の年齢は21歳。若気の至り、あるいは当時の流行り言葉だったとはいえ、日本を代表する選手が公の場で「チョー」と発するのは、小学生ではあるまいし、ちょっと情けない。

トップアスリートであっても、その日の体調によって体が軽く感じたり、重く感じたりすることはあるだろう。きっとこの日の北島選手は体調がよかったのだと思う。であるならば、「今日は気持ちよく泳げました。その結果たまたま勝てました」とでも言えばよかったのだ。

金メダルを獲得してうれしいし、爽快だったのもよく分かる。でも、世界のトップだからこそ、立場を踏まえた発言が求められる。正直、この「チョー気持ちいい」からは対戦した他の選手たちに対するリスペクト、配慮は感じられない。

きっとこの決勝レースには、北島選手のライバルたちも出場していたはずである。そういったライバルたちがいてくれたからこそ、自分もここまでがんばることができた。そのように対戦相手を尊重する気持ちがないとスポーツマンではないし、世界一流のアスリートとも呼べないと思う。

私なら、ライバルたちも含め、同じ種目で競い合っている選手すべてが仲間だと感じる。これは謙虚さとか相手を立てるとか、敬意を表すとかそんなことではなく、ただシンプルに、お互いに刺激し合って成長していく仲間であると感じると思う。ライバルも突き詰めて考えれば、自分を高めてくれる大切な仲間なのだ。

「まわりを見ながら余裕を持って取り組む。それが「集中」だと思うんです。

集中というと、ひとつのものにギューッと入り込んでいく姿を考えがちですが、そうじゃない。視野を広く持って、のびのびしている状態。それが理想的です」

室伏広治

2004年アテネオリンピック　男子陸上　ハンマー投げ　金メダル
2012年ロンドンオリンピック　男子陸上　ハンマー投げ　銅メダル

柔軟な発想と飽くなき探求心が己の力を倍増させる

室伏広治選手の言葉は、私が昔から言い続けていることに似ている。私は、究極の集中とは「円」であると考えている。

一点に集中、というと聞こえはいいが、それでは周囲が見えておらず、実際には隙だらけの状態となっている。本当の集中とはこのような一点集中型ではなく、池に小石を投げ入れた時に円形の波紋が広がっていくような、拡散型である。

室伏選手は金メダリストでありながら派手さがまったくなく、武士道を探求する侍のような雰囲気がある。

また、室伏選手はあるインタビューで「メダルの色は何色でも、重要なことはそこに向かって努力していくことです」とも述べている。私は結果よりも経過を重要視しているが、室伏選手もきっと同じなのだろう。そしてさらに彼はその経過の中で、いろんな気づきや発見を得たいのだと思う。

2019年の初頭、スポーツ新聞に「オリックス吉田、室伏に弟子入り」というような記事が載っていた。オリックスバファローズの吉田正尚選手（2019年11月に行われたWBSCプレミア12でも日本代表の一員として活躍）が室伏選手の指導の下、基礎体力のトレーニングに励んでいる様子が書かれていたが、そのトレーニング方法が室伏選手らしい、実にユニークなものだった。

そこに載っていたトレーニング方法はこうだ。両手で紙風船を抱え、膝のあたりにゴムバンドを装着する。そして中腰のまま、紙風船をつぶさないように前後に歩くというものだった。

重いものを飛ばす競技をしていた室伏選手が、軽いものを使ってトレーニングする。この逆転の発想こそ、現役時代の室伏選手の強さを物語っている。

ハンマー投げに出場する選手たちはヨーロッパの選手が多く、体格も室伏選手より一回りも二回りも大きい選手ばかりだ。体格的には圧倒的に不利な状況にあるにも関わらず、室伏選手は金メダルを獲得した。これは、彼が他の選手にはない独特の体の使い方を、鍛錬によって身につけていたことの証である。

しなやかな軸を作り、力みなく回転し、34・92度の範囲にパワーのピークのタイミングを合わせてハンマーを投じる。彼が金メダルを獲得したその裏には、常識に囚われない柔軟な発想と、飽くなき体の使い方の探求があったからなのだ。

「生きる伝説になりたい。一回勝つことは誰でもできる。繰り返すことが難しいんだ」

ウサイン・ボルト

2008年北京オリンピック　男子陸上　100m金メダル　200m金メダル
2012年ロンドンオリンピック　男子陸上　100m金メダル　200m金メダル
2016年リオデジャネイロオリンピック　男子陸上　100m金メダル　200m金メダル　他

余計なものを加えず、いかに変化し続けるか

一流は10年トップに居続け、超一流は20年以上トップに君臨し続ける。誰よりも強くなることも難しいが、その強さを維持するのはもっと困難である。

ウサイン・ボルトと同じく、日本でも柔道の野村選手やレスリングの吉田選手がオ

リンピック3連覇を成し遂げているが、オリンピック4連覇を成し遂げたのは世界でもレスリングの伊調選手とマイケル・フェルプス（アメリカ・競泳男子200m個人メドレー）、カール・ルイス（アメリカ・陸上男子走り幅跳び）、アル・オーター（アメリカ・陸上男子円盤投げ）、パウル・エルブストローム（デンマーク・ヨット男子フィン級）の5名しかいない。

一流のアスリートは頂点に居続けるために、常に変化を続けている。だが、変化という努力は結果がプラスになることもあれば、マイナスになることもある。どっちに転ぶか、それは試してみないと分からないが、成否を怖れていてはトップの座を保つことはできない。

変化の仕方として、余計なものを加えるやり方を私はあまり好まない。プロ野球などで筋肉をつけてパワーアップを図ろうとする選手をよく見かけるが、筋肉のつけすぎによって逆に動きが鈍くなり、成績を落としたり、故障をしたりしている。筋肉をつけるにしても、本書で繰り返し述べている〝一口〟の感覚があればいい。

部屋を照らす蛍光灯は、使っていればいつか切れる。人工的につけた筋肉は、この蛍光灯と同じで酷使すればするほど早く切れてしまう。自然についた筋肉は長持ちするが、無理につけた筋肉は早くダメになるものなのだ。

「真剣勝負で勝つことのモチベーションよりも、自分が立てた目標を達成することのほうが原動力としては大きい」

平野早矢香

2012年ロンドンオリンピック　女子卓球・団体　銀メダル

小さな目標をひとつずつ丁寧にこなしていく

平野早矢香さんと私は10年以上前からの知り合いである。最初の出会いは北京オリンピックの前年、2007年のことだった。私の勝負論から何かを学びたいと、彼女が町田の道場にやってきたのである。

以来、2016年に現役を引退するまで、彼女は何回道場にやってきただろうか。卓球の「た」の字も知らない私のところへ、彼女はラケット持参で何度も訪れた。

彼女とは長い付き合いなので、ここではあえていつも通り早矢香ちゃんと呼ばせていただく。先のコメントは彼女が引退後に発したものらしいが「早矢香ちゃん、言ってることとやってることが違うんじゃないの？」と私は言いたい。この言葉は、彼女にしてはちょっとかっこつけすぎの気がする。

ただ、コメント自体はとてもいいことを言っている。目標は大きな目標でなくていい。小さな目標でいいから、ひとつずつ丁寧にこなしていく。そしてもっとも大切なのは、その過程において「途中であきらめない、裏切らない」ということだ。

目標を大きくしすぎると、それは妄想に近いものとなり、実現性が乏しくなってしまう。また、身の程知らずの大きすぎる目標は、自信過剰や傲慢さといったものにも繋がりやすいので注意が必要である。

私が道場生たちに日頃教えている体の動かし方にしろ、ここで述べた目標にしろ、ひとつずつ「捌いていく」という感覚を持つことがとても大切だ。それも、手際よく捌いていくという感覚。手際よく捌いていくことで「慣れ」が生まれ、体の動かし方もスムースになるし、目標もスムースに達成できるようになるのだ。

今、早矢香ちゃんは現役を引退し、テレビなどで解説者として活動している。卓球界を脇からサポートしたいということでメディアに出演しているのだろうが、私からすると「ちょっと嫌なほうに行っちゃったな」という感じである。どこか、卓球を利用して生きているような印象を受ける。早矢香ちゃんにとって卓球は大好きなものだったはず。「その大好きなものを、利用しちゃいけないんじゃない？」と思うのだ。

早矢香ちゃんと同時期に活躍した福原愛ちゃんのほうが、現役を終えてからいい形で人生を送っているように私の目には映る。

早矢香ちゃんは現役時代、「卓球の鬼」と呼ばれていた。そのうちまた、彼女はふらっと道場に訪れるのだろう。その時にまた、いろいろと話ができればいいと思う。

「山登りに例えれば、
山頂には自分の理想とする柔道があった。
それを言葉で表現すれば
『常に冷静で隙がなく、　素晴らしい技の切れを持つ柔道家』
といったところでしょうか。
オリンピックだって、その理想に至る道程にすぎなかった。
だから、金メダルを獲っても『まだまだだ！』と思っていた」

山下泰裕

1984年ロサンゼルスオリンピック　男子柔道　無差別級　金メダル

ひとつの道から得た学びを、他の道でも生かすことが大事

山下泰裕氏といえば、現役時代に２０３連勝（引き分け含む）の金字塔を打ち立てた昭和を代表する柔道家である（現在は日本オリンピック委員会の会長を務めていらっしゃる）。

金メダル獲得後、しばらくしてから発した先の山下氏のコメントは、金メダルを獲ったことはうれしいが、自分の理想には全然近づいていないという正直な思いを語ったものである。

私は雀鬼会で「雀鬼流麻雀」というものを追い求めているが、これから先どれだけ続けても雀鬼流の麻雀がどこかに行き着くことはないし、完成することもないと思っている。何事もそうだが「できた」「極めた」と思ったところでその道は終わってしまう。だからこそ、人はそれぞれの道をそれぞれに追い続けているのだと思う。ゴールはないと知りながら。

山下氏もきっと、それと似たような心情で「柔道」という道を極めようと邁進して

いたのだろう。

山下氏といえば、何よりもロサンゼルスオリンピックでの決勝戦を思い出す。彼は2回戦で右足を痛めたものの、準決勝、決勝と勝ち上がり金メダルを獲得した。決勝戦の相手だったエジプトのモハメド・ラシュワンは、山下氏の右足のケガを知っていたが、あえてそこを集中的に攻めるようなことはせず普段通りに戦った。試合後、そのフェアプレー精神がマスコミからも称えられたが、山下氏はこういったハンデを背負った試合からも柔道家としてだけではなく、人としての強さを身につけていったのだと思う。

私は麻雀の道を、そして山下氏は柔の道を長く歩んでいるが、ひとつの物事を長く続けているからといって世にいうマニアになっているわけでも、オタクになっているわけでもない。

世間では、熱心に何かひとつのことに打ち込んでいる人は、マニアやオタク的な気質になりがちである。「熱狂的」という言葉もあるように、ひとつの道にはまりすぎるとそれは「狂信」というものに繋がっていく。

でも、私は麻雀馬鹿ではないし、山下氏も柔道馬鹿ではない。一番大切なのは、その道で学んだことが他の道でも通用するかどうかである。その道で学んだ（身につけた）勝負強さを、人生という道のりの中でも生かしていく。そういった取り組み方が、何事も重要なのだ。

「寒さ暑さ、風にしても誰にも吹くものだ。強いものは強い。だから運も不運もない」

アベベ・ビキラ

1960年ローマオリンピック　男子陸上　マラソン　金メダル
1964年東京オリンピック　男子陸上　マラソン　金メダル

自然のありのままを体で受け入れている人は強い

ローマの街を裸足で駆け抜けて金メダルを獲得し、一躍時の人となったアベベ・ビキラ（エチオピア）。アフリカの大自然の中で生まれ育ったアベベは、幼い頃から裸足で外を駆け回っていたために足の裏の皮が厚くなったそうだ。自然と一体となって生きていた太古の人類には当たり前のことなのだろうが、現代社会で暮らす我々からすれば異次元の世界の話である。

そんなアベベが残した先の言葉は、一見するとものすごい自信家だったような印象を受ける。だが、私はそうではなく、彼が大自然の中で生きてきたからこそ出た言葉なのではないかと感じる。

太陽が地上に出ている時間や角度は日によって変わっていく。天気も毎日目まぐるしく変化する。自然は刻一刻と変化を続けているものであり、自然を身近に感じて生活している人たちは、そういった自然の変化を受け入れて自然と調和して生きている。

しかし、現代社会に生きる私たちはそんな自然に対し「なんだ雨か」「今日は風が強いな」と文句をつけたりする。自然にいちゃもんをつけるのは、あらゆる面で人間が弱くなった証拠である。

アベベの真意は、自分はそういった自然の変化を受け入れて生きていることを伝えたかったのと、さらにはそういった変化をラッキー、アンラッキーだけで片づけようとする先進国の風潮に対してひと言もの申したかったのだろう。いずれにせよ、自然の変化を受け入れ、自然の流れの中で生きている人たちは強い。それは古今東西通じた、紛う方なき真実である。

「人間が困難に立ち向かう時、
恐怖を抱くのは信頼が欠如しているからだ。
私は私を信じる」

モハメド・アリ（カシアス・クレイ）

1960年ローマオリンピック　男子ボクシング　ライトヘビー級　金メダル

アリは本当の怖さを知っていたから強くなった

私が説明するまでもなく、ボクシング界のレジェンドとして今でも語り継がれるモハメド・アリ。彼は数々の伝説と名言を残し、2016年に鬼籍に入った。オリンピックで金メダルを獲得した後、彼はプロに転向し、引退するまでの間に3度の世界ヘビー級タイトル奪取に成功。さらに世界チャンピオンとしての防衛は、通算19回を記録している。

頂点の争いをこれだけ経験しているアリは、常人では感じ得ない恐怖感を何度も味わったはずだ。先に紹介したコメントは、アリが怖いもの知らずだったことを物語るものではなく、彼が恐怖を知っているからこそ出た言葉なのだと思う。

チャンピオンの座から陥落すれば、ただの人である。天国から地獄へ落ちる辛酸を彼は何度も舐めているし、ボクシング（とくにヘビー級）は非常にハードな戦いのため、試合が終わった次の日に命のある保証はどこにもない。ボクシングのチャンピオンは、観客の目には決して映らないそういった多くの恐怖と対峙しながら、リング上で戦っているのである。

アリはいくつもの恐怖と戦いながら、自分自身を信頼していれば恐怖感を薄めていけることを学んでいったのだろう。

また、アリの残した言葉で「あまりにも順調に勝ちすぎているボクサーは、実は弱い」というものもあるそうだ。これも、いくつもの壁に直面し、成功体験だけでなく多くの挫折も経験している彼ならではの言葉といえよう。ここでいう「弱い」は、「脆い」と解釈してもいいような気がする。

最近、ゴルフ界で復調の兆しを見せているタイガー・ウッズ（アメリカ）も、この言葉の意味がきっとよく分かるに違いない。あまりにもすべてが順調に行きすぎている時、人はそこで自分の人生を俯瞰的に捉え、バランスを取ったり、あるいは歯止めをかけたりということができなくなる。そしてその結果、ちょっとしたつまずきがきっかけで、あっという間に泥沼にはまって身動きの取れない状態になったりする。

人の持つ欲は、底のないバケツと一緒で満たされることがない。だから「もっと、もっと」と欲しくなるし、流れ込む欲の量が多くなればなるほど欲望の制御が利かなくなり、後戻りのできない状況に陥ってしまうのだ。

人間にとって本当に大切なものは、様々な欲望（金や権力、名誉など）から離れたところにある。その証拠に、風も太陽も私たちに「金をくれ」とは言わない。欲にまみれ、自分を見失いそうになったら、「自分（人間）には、何がもっとも大切なのか」を見つめ直すといい。

そうすれば、自分が何をすべきかが見えてくるはずである。

「追い込むのは自分でも本当は怖いんですけど、
そういうところまで辿り着かないと、
人間の潜在能力というのは引き出せないんです」

清水宏保

1998年長野オリンピック　男子スピードスケート　500m金メダル　1000m銅メダル
2002年ソルトレイクシティオリンピック　男子スピードスケート　500m銀メダル

潜在能力を開花させるには、リスクを楽しもう

清水宏保選手が言っていることは私もよく理解できる。なぜなら、私も代打ちをしていた時代に新しい世界を垣間見たくて、いつも自分を追い込んでいたからである。

だが、自分を追い込むことを続けていくと、それまで感じていた怖さが面白さへと変化していく。これは自分を追い込んでいるうちに限界値がどんどんと上がり、それまでは「無理だ」と思っていたことができるようになっていくからだろう。

心身ともに老いれば、自分を追い込むこともできなくなる。だから、若いうちは自分をどんどん追い込んだほうがいい。追い込んでいるうちにそれが楽しさへと変わっていけば、その人の中に眠っていた潜在能力はみるみるうちに開花していく。

「追い込む」という表現は、どこかネガティブで悲壮感や過酷さが漂うため、自分を追い込むことにためらいを感じる人もいるかもしれない。そういった人は自らを「追い込む」とは思わず、「リスクを楽しもう」と思って生きていけばいい。

人間は「楽（ラク）」をしたい生き物である。でも、楽な道ばかりを選んで生きていたら、その人の潜在能力はずっと閉じたままだ。だから、あえて険しい道を選んでいくようにすればいいのである。それが「リスクを楽しむ」ということであり、自分の可能性を広げていく生き方なのだ。

「きつくても、がまんすること。がまん、がまん」

サムエル・ワンジル

2008年北京オリンピック　男子陸上　マラソン 金メダル

勝負の世界で生きていくには、根性は必要不可欠

ケニアで生まれ育ったサムエル・ワンジルは、高校留学で来日し、そこからマラソンランナーとしての人生を本格的にスタートさせた。

先のコメントは北京オリンピックで勝利した後、「日本で走りを学び、もっとも役に立ったことは?」と聞かれた際に出た言葉だそうだ。

過酷なマラソンを制するには、何よりも「がまん」が必要なのだろう。世界的な大会でトップを取るというのは、普通の選手ではできないことである。つまり、世界で勝つには、普通の選手では耐えられないようなレベルのところでがまんすることが必要なのだ。

当たり前のことだが、同程度の実力の者が競い合えば、最後は気持ちが強いほう、精神がタフなほうが勝つ。負けん気や根性のようなものは、勝負の世界を生き抜いていく上で必要不可欠なものだと思う。それが間違った方向に向かっていなければ、という条件はつくが。

かつて、昭和の時代のスポーツ界はスパルタが横行していたため、根性＝スパルタと見なされ、今の教育界で根性論はあまりいい意味で捉えられていない。

しかし、私は先述したように勝負の世界で根性は必須だと思っている。実際、私はいろんな業界の方たちと親交があるが、その業界で活躍している勝負強い人はみないい根性をお持ちになっている。

根性を身につけるコツはシンプルだ。繰り返しになるが、それは常に厳しい道を選ぶようにすればいい。厳しい道、険しい道をクリアしていくことで心身のタフさと根性が身につくのである。

「もっとも重要なのは、
誰かに『君はダメだ』と言われた時、
一心にやればすべて実現可能だということ」

マイケル・フェルプス

2004年アテネオリンピック　男子競泳　バタフライ　100m金メダル　200m金メダル
2008年北京オリンピック　男子競泳　バタフライ　100m金メダル　200m金メダル
2012年ロンドンオリンピック　男子競泳　バタフライ　100m金メダル
2016年リオデジャネイロオリンピック　男子競泳　バタフライ　200m金メダル　他

ダメだからこそ可能性がある

2004年のアテネから2016年のリオデジャネイロまで、マイケル・フェルプスはオリンピックでメダルの通算獲得数が28個、そのうち金メダルの通算獲得数は23個を記録しており、いずれも歴代1位の記録である。

他の追随を許さない、まさに超人といっていい活躍ぶりだが、先のコメントを見ると、フェルプスも金メダルを獲得するために厳しい練習を自身に課していたことがよく分かる。

他人から「ダメなやつだ」と言われ、「私はダメな人間なんだ」とそこで歩みを止めてしまったらそれまでだ。フェルプスのように、その悔しさをバネにして一段、一段、ステップアップしていくことが大切なのだ。

そもそも、どんな業種、どんなスポーツでもそうだが、何事も最初からうまくできる人はそういない。誰もがダメなところから出発し、経験を積んでいくことで上手にできるようになっていく。ダメだからこそ、チャンスや可能性があるのだと思ったほうがいい。肝心なのは、「ダメ」と言われて動きを止めてしまわないようにすることなのである。

「自分が苦しい時は、ライバルもまた苦しいのです。そう思うと、いたずらに苦しんで走ることの無意味さが分かります。自然のまま静かに走ることで、闘志の燃焼をさらに深められるようになったのです」

瀬古利彦
マラソン選手

窮地にある自分を救う思考法

人は辛いことがあると、まわりが見えなくなってしまい「なんで自分だけが……」と被害者意識のようなものを抱きがちである。

瀬古利彦氏のコメントから分かるのは、辛い時、苦しい時こそ周囲に目をやることが大切で、そうすれば自分の置かれた状況を冷静に見つめ直せるということである。これは物事すべてにいえることで、辛い時、苦しい時に「自分よりもひどい状況にある人がいる」と考えると、「私はまだマシなほうだ」と辛苦を和らげることができる。

ちなみに私の場合の話をすると、例えば海で仲間と遊んでいた時、私だけがケガをしたとする。そういった時、私は「なんで自分だけがこんな目に……」とは思わない。私は自分がケガをすると、いつも「ああ、このケガがまわりの人たちではなく、俺でよかった」と思う。

自分に災難が降りかかってきた時、ごく自然に「私でよかった」と思える人は、どんな時も冷静でいられる人である。結局は、そういった思考が窮地で自分を救ってくれることになるのだ。

２０１９年2月、東京オリンピックの女子競泳でメダルが期待されていた池江璃花子選手が、白血病と診断されたことを公表した。

池江選手も最初は「なんで自分が……」と思ったはずである。でも彼女は気持ちを切り替え、見事に病を克服し、２０１９年12月に退院をした。その際、彼女はこうコメントを残したそうだ。

「入院中、抗がん剤治療で吐き気が強い時や倦怠感もありましたが、そんな時はとにかく〝大丈夫、大丈夫、いつか終わる〟と自分を励まし続けました。～中略～オリンピックを目前に控えていた中、突然大好きなプールを離れ、失ったものが多いのではと思った方もいらっしゃると思いますが、私は病気になったからこそ分かること、考えさせられること、学んだことが本当にたくさんありました」

池江選手は自らの前に現れた壁を困難とは捉えず、「これは恵みだ」と考え方を切り替えた。そしてその険しい道を切り開きながら、いろんなことを学んだという。彼女もまた、思考を変えることで自分自身を救ったのだ。

池江選手はこれから先、２０２４年のパリオリンピック出場・メダル獲得を目指してがんばっていくという。大きな困難を克服し、人間として一回りも二回りも成長した彼女である。きっと自分の描く夢、目標を達成してくれるはずだ。

「探検家になるために必要な資質は、臆病者であることです」

植村直己

冒険家

真の冒険家は、自然の怖さを誰よりも知っている

幼い頃、私がなりたかったものは、映画で見たターザンである。大自然の中で生き物たちと暮らすターザンが、とてもうらやましかった。

子供の頃は危険なことばかりして遊んでいたため、冒険家の体験記などを読むと非常に共感できる。植村直己さんは日本を代表する冒険家だが、彼の残した言葉はどれも含蓄に富んでいる。

植村さんは、探検家には臆病者の資質が必要と言っているが、臆病というより用心深さが必要だと言いたいのだろう。自然を舐めてはいけない。だからどんな時も用心深く、一つひとつ慎重に。植村さんは、きっとそう言いたかったのだと思う。

植村さんのそういった用心深さを表した言葉が他にもあるのでご紹介しよう。

「いくら私が冒険が好きだからといっても、経験と技術もなくて、また生還の可能性もない冒険に挑むことはない。それは冒険でも、勇敢でもなく、無謀というべきものなのだ。それがどんなに素晴らしい挑戦であったにしても、生命を犠牲にしては意味がない」

結果は同じだったとしても、勇気と無謀はまったく違う。私も道場生たちに対して昔から「勇気と無謀は違う」「無茶はいいけど、苦茶はダメだよ」と言い続けてきた。

無茶は勇気、苦茶は無謀である。無茶苦茶な挑戦が通じるほど、大自然は甘くない。それを植村さんは誰よりも知っていた。

また、植村さんはこんな言葉も残している。

「旅の出発には、いつもどこから湧いてくるか分からぬ不安感が心の中に生まれ、私を苦しめた。今も、またそうなのだ。闘志をかきたて全身を引き締めているつもりなのに、漠然とした不安が時折心を横切る。そして、これを振り払うには、実際に行動を起こす他ないことを、私は知っている」

植村さんは、私たちには想像もできないような厳しい環境で冒険を繰り返してきた。骨の髄から「自然には敵わない」と理解していたのだろう。この言葉は、私も本当にその通りだと思う。

だが、この言葉は冒険家にだけ通じるものではない。誰の人生にも、常に不安はつきまとう。でもそこで歩みを止めたら、人生は進んでいかない。不安を感じても、とにかく一歩を踏み出すことで何かが始まるのだと、植村さんは私たちに教えてくれているのだ。

「山では寝なくて大丈夫。3日間ぐらいならば、普通に行動できる」

山野井泰史

登山家

命懸けだから見えてくる世界がある

2002年、ヒマラヤ山脈にあるギャチュンカン（標高7985m）の登頂を目指していた山野井泰史・妙子夫妻は、登山中に雪崩に巻き込まれて重度の凍傷にかかり、手足の指10本を切断する重傷を負った。

この一件で山野井夫妻を知った方も多いと思うが、山野井泰史さんは1990年代には単独無酸素登頂を数多く成し遂げ、世界最強のクライマーといわれていた。

ギャチュンカンで重傷を負った後も、山野井夫妻は登山を続けている。大自然の驚異に魅せられたおふたりの生き様には、私もとても共感できる。

先の山野井さんのコメントは、人間の体は覚醒した状態になると通常にはない力が出てくることを物語っている。私も代打ち時代、大一番の前になると食欲や睡眠欲が自然となくなってきて、寝ず、食わずの生活を続けた。そうすると意識が段々と覚醒し、本番でも2～3日ぶっ続けの勝負が平気でできた。

山野井夫妻は今でも大自然に挑み続けているが、「危険」には人を惹きつける何かがある。繰り返しになるが、私は幼い頃から危険な遊びばかりしてきた。落ちたら死ぬような高さのところにぶら下がってみたり、陸橋にぶら下がって手だけで渡ってみたり（もちろん、落ちたら命はない）、そんなことばかりを繰り返していた。

危険なことをしていると、より危険なことがしたくなる。あれは小学生の時のことだ。学校の階段には踊り場があるが、上の階から踊り場まで一気に飛び降りることを何度か繰り返していたら飽きてきた。そこで私は「踊り場の一段前の階段に着地しよう」と思い立った。踊り場とは違い、階段の幅は狭い。しかも上からだと一番下の段は見えない。当時も今も、達成しようとしていることの道のりが険しければ険しいほど、私はやりがいを感じる。障害が増えれば増えるほど、あるいは険しさが増せば増すほど「よし、やってやろうじゃねーか」という気持ちが高まる。

上の階から踊り場一歩手前の段に着地するのは、非常に難しい。当時、私はこの挑戦をするにあたり、2回に1回は足をくじいていた。しかし、私は足をくじいたりすると「よし、この状態でやってやろうじゃねーか」と気持ちがより高ぶった。そしてくじいた上からまたくじいたり、ひどい時には骨折したり。そんな私だったから、今も変わらず挑戦を続ける山野井夫妻の気持ちは痛いほどよく分かるのだ。

山野井夫妻が挑戦を続けるのは、富や名誉のためではない。危険の中に飛び込まないと見えない世界というものがあり、その世界をクリアすると次なる未知の世界を見たくなる。命懸けだからこそ見えてくる景色、選ばれた人だけが見ることのできる世界というものが、この世には存在するのである。

おわりに

本書でも述べたが、２０１９年に日本で開催されたラグビーのワールドカップでは日本代表が大いに活躍し、初のベスト8進出を果たした。

この大会では各国代表がプレーだけではなく、試合後のコメントなどでも心に残る言葉を残してくれた。その中でも、私が一番印象に残っているのは、南アフリカのラシー・エラスムスＨＣ（ヘッドコーチ）が優勝後のインタビューで語ったこの言葉である。

「国では、政治的なことに加え、殺人事件もある。でも、ラグビーの80分間だけは『国民に幸せになってほしい』という思いでやってきた」

また、南アフリカチーム初の〝黒人主将〟となったシヤ・コリシ選手のコメントも私の心に深く響いた。

「何としてでも優勝したかった。応援してくださったみなさんに感謝します。タウンシップ（貧困層が生活する黒人居住区）で暮らすみんな、違法なバーやクラブで飲んでいるみんな、ホームレスのみんな、すべての地域のみんな、応援してくれてありがとう」

南アフリカで暮らす黒人は過去、ひどい差別に苦しんできたし、今でもまだ差別や貧困に喘いでいる人たちがたくさんいる。南アフリカ主将のこの発言は、どこまでも目線が低く、貧困に苦しむ人たちに対する温かい思いにあふれている。

「世のため、人のため」などと平然とのたまう輩はまったく信用できないが、南アフリカのヘッドコーチと主将が残したコメントを聞き、私はちょっと救われた気がした。これこそが、真のアスリートのあるべき姿である。

資本主義の今の社会では、「誰よりも多く分捕ること」が有能とされ、多くの人が「誰よりも抜きん出ること」に血眼になっている。分捕り合戦は、搾取する側と搾取される側がいなければ成り立たない。つまり、現代社会は毎日犠牲者を生み出し続けている社会といえるのだ。

世界に目を転じれば、先進国と呼ばれる国々が、相も変わらず発展途上国から搾取することで繁栄を続けている。そしてその陰で、南アフリカのみならず、多くの国々で今もたくさんの人々が飢えや貧困に苦しんでいる。

経済も、スポーツも、すべてが分捕り合戦となってしまっている今、オリンピックが真の意味で「平和の祭典」となるには、先進国と呼ばれる国々で生きる人たちの意識改革がまずは必要である。そして、そこで競い合うトップアスリートたちが「敵は敵ではなく、自分を成長させてくれる大切な存在」だと気づけた時、オリンピックを含むスポーツ界全体がちょっとずついい方向へ変わっていけるのだと思う。

とはいえ、何もかもが商業主義に染まってしまった今の世界の現状では、私のいっていることを実現するのは難しいといわざるを得ない。でも、少しずつでも、一人ひとりが意識を変えていくことで、この世界を変えていくことができる。2019年のラグビーワールドカップは、スポーツにはそんな秘められた力があることを私たちに教えてくれたような気がする。

2020年4月

桜井章一

金メダリストの条件

2020年5月28日　初版第一刷発行

著　　　者／桜井章一

発　行　人／後藤明信
発　行　所／株式会社竹書房
〒102-0072 東京都千代田区飯田橋2-7-3
☎03-3264-1576（代表）
☎03-3234-6208（編集）
URL　http://www.takeshobo.co.jp

印　刷　所／共同印刷株式会社

装丁・本文デザイン／轡田昭彦＋坪井朋子
写　　　真／野辺竜馬
構　　　成／萩原晴一郎
編集協力／髙木真明・須田とも子

編　集　人／鈴木誠

Printed in Japan 2020

ISBN978-4-8019-2235-8